HOW TO WIN AT COLLEGE

SURPRISING SECRETS FOR SUCCESS
FROM THE COUNTRY'S TOP STUDENTS

深度學習力

學歷貶值時代，MIT博士教你從大學就脫穎而出的75個成功法則

暢銷新裝版

卡爾·紐波特——著
CAL NEWPORT

朱崇旻——譯

為什麼有些學生在大學表現卓越，屢次獲得獎項，並能贏得師長的肯定與同學的讚嘆，甚至在踏入社會前即受到各大企業的青睞呢？

無論你是學生還是家長，只要對這些學生的表現感到好奇，我極力推薦你研究《深度學習力》這本大學生祕笈──卡爾教授深入解析卓越的奧祕，匯集學霸的心得，提煉出一系列的方法與原則。

身為一位大學教授，我已預見《深度學習力》將教會你在考前如何優雅地看劇、打遊戲，或者靜坐冥想，卻在考後不小心成為全班調分的障礙。值得一提的是，卡爾教授的風趣幽默也使整本書的閱讀充滿樂趣。這絕對是一本提醒你不要妄自菲薄，同時為你開啟更多大門的優秀作品。

─────**洪瀞**｜成功大學教授、《自己的力學》作者

終生學習的時代，人人都需要深度學習力。

這是一種可以培養與提升的能力，能提高學習效率和品質，也是深度工作力的基礎，獲得足夠的知識和技能來應對工作中的挑戰和問題，更好的解決問題與完成工作任務。

卡爾·紐波特在書中總結了七十五個美國名校頂尖學生的實用法則，涵蓋時間管理、讀書方法、課外活動、師生互動與寫作技巧等面向。像是運用深度工作的時間管理原則，

幫你提高學習效率和品質；採用有效閱讀和筆記技巧，讓你快速抓住要點和論證；參加有意義的課外活動，能豐富自身經驗和技能；建立師生良好關係，獲得更多學習資源和指導；培養寫作能力，懂得如何清晰有力的表達想法和觀點。

這些法則不僅適用於大學生，也有益於任何想要提高自己學習能力和競爭力的職場工作者。

————**劉奕酉**｜鉑澈行銷顧問策略長

以前有句戲謔的話，稱大學生活是由你玩四年，但如果你真的這樣玩，會越玩越心驚，緊接即將畢業才發現自己浪費了累積四年競爭力的突破時機。

雖然我們說學習是一輩子的，但是能夠專心在學習上衝刺，也真的只有年輕當學生時才有機會更專心！

這本書將幫助大學生好好利用大學環境，奠基未來職涯發展的基礎實力，更是打造黃金人脈的開端契機。

書中從不要讀完指定閱讀、擔任社團社長、不睡午覺等，在在顛覆我們對於大學生活的認知，另外還有進階挑戰，每堂課問一個問題、一年申請十項獎學金、一天獨自用餐兩次（這不是孤僻嗎？）等建議，你會想這樣的大學生活真的熬得過去嗎？

如果你對未來茫然，這本是很棒的指引，將幫助你大學學習有意義！

————**鄭俊德**｜閱讀人社群主編

CONTENTS

前言 ／ 009

| RULE 01 | 不要讀完所有的指定閱讀 ／ 015
| RULE 02 | 建立週日儀式 ／ 019
| RULE 03 | 每學期至少退選或停修一門課 ／ 021
| RULE 04 | 分配到長期作業的當天就動工 ／ 023
| RULE 05 | 整理床鋪 ／ 025
| RULE 06 | 一年申請十項獎學金 ／ 027
| RULE 07 | 建立讀書系統 ／ 029
| RULE 08 | 結識教授 ／ 031
| RULE 09 | 當社團的社長 ／ 035
| RULE 10 | 每天讀報紙 ／ 037
| RULE 11 | 培養一項勝過所有人的技能 ／ 039
| RULE 12 | 避免每天列出待辦事項 ／ 043
| RULE 13 | 學會放棄 ／ 047
| RULE 14 | 永不睡午覺 ／ 051
| RULE 15 | 開學第一週就報名參加活動 ／ 053

| RULE 16 | 持續進行某項「大計畫」／ 055
| RULE 17 | 修藝術史與天文學／ 059
| RULE 18 | 一學期當一次調分障礙／ 063
| RULE 19 | 每堂課問一次問題／ 067
| RULE 20 | 盡快跳入研究圈／ 069
| RULE 21 | 為實驗室做出貢獻／ 073
| RULE 22 | 以五十分鐘為單位念書／ 075
| RULE 23 | 妥善安排空閒時間／ 077
| RULE 24 | 打扮體面去上課／ 079
| RULE 25 | 布置你的房間／ 081
| RULE 26 | 提前兩週開始念書／ 085
| RULE 27 | 課堂外也要寫作／ 089
| RULE 28 | 一天獨自用餐兩次／ 091
| RULE 29 | 找到你的世外桃源／ 093
| RULE 30 | 早早修習困難的課程／ 095

RULE 31	不要在房間裡念書 ／ 097
RULE 32	不要和一群人念書 ／ 099
RULE 33	加入榮譽學生計畫 ／ 101
RULE 34	每天做功課 ／ 103
RULE 35	參加客座講座 ／ 105
RULE 36	一週運動五天 ／ 107
RULE 37	保持連繫 ／ 109
RULE 38	多修一門主修或輔修 ／ 111
RULE 39	經常找導師談話 ／ 115
RULE 40	不要找正常的工作 ／ 117
RULE 41	一份報告用三天寫完 ／ 121
RULE 42	不要睡太少，也別睡太飽 ／ 125
RULE 43	考前放輕鬆 ／ 127
RULE 44	最優先考慮朋友的事 ／ 131
RULE 45	不要狂飲 ／ 133

| RULE 46 | 別管你同學的成績 ／ 135
| RULE 47 | 結識傑出的人才 ／ 137
| RULE 48 | 學習傾聽 ／ 141
| RULE 49 | 無論如何都不可以熬夜 ／ 145
| RULE 50 | 笑口常開 ／ 149
| RULE 51 | 選用高品質筆記本 ／ 151
| RULE 52 | 記錄每天的工作進度 ／ 153
| RULE 53 | 尋找快樂 ／ 157
| RULE 54 | 讓野心膨脹 ／ 159
| RULE 55 | 參與系上的事務 ／ 161
| RULE 56 | 照顧你的學業，但無視你的 GPA ／ 163
| RULE 57 | 永遠別翹課 ／ 167
| RULE 58 | 自訂工作死線 ／ 169
| RULE 59 | 注意飲食健康 ／ 173
| RULE 60 | 默默服務 ／ 175

RULE 61	寫出普立茲獎等級的作品 ／ 177
RULE 62	參加政治集會 ／ 181
RULE 63	最大限度利用暑假 ／ 183
RULE 64	制定目標，探索新方向 ／ 187
RULE 65	課間不要休息 ／ 189
RULE 66	不要建立關係網 ／ 193
RULE 67	發表專欄文章 ／ 197
RULE 68	使用文件櫃 ／ 199
RULE 69	找一個秘密讀書空間 ／ 203
RULE 70	用「提問記憶法」念書 ／ 207
RULE 71	清空收件匣 ／ 211
RULE 72	睡前放輕鬆 ／ 213
RULE 73	起步快，收尾慢 ／ 215
RULE 74	出國交換一學期 ／ 217
RULE 75	別留下任何遺憾 ／ 221

致謝 ／ 223

INTRODUCTION
前言

　　大學，你花了好幾年準備，聽過無數關於它的傳聞，現在，你終於來到這一刻。學力測驗考完了，你申請的大學錄取你了，過不久，高中將成為逐漸淡去的回憶，你即將踏上壯闊的旅程、一場永生難忘的大冒險。

　　大學將會是自由又刺激的四年，你將在玩樂中成長，這一點無庸置疑，在外面開趴玩到半夜兩點、和朋友聊天聊到天明、享受期中考前臨時抱佛腳的混亂、找到鑑賞校內餐飲的竅門、學會寫有說服力的文章，還有想辦法把床單弄成羅馬樣式的托加長袍……相信我，你將迎來精采的大學人生。

　　然而，大學四年不只是玩樂休閒，還是你前途的跳板。嚴厲的現實是，這年頭找份好工作談何容易，錄取優秀學院

的研究所同樣難如登天，你只有短短四年時間，你必須在這四年內準備好面對校園以外的世界。現在採取正確的行動，將來就有能力從事任何賦予你靈感的行業；如果不善加利用這四年，要踏上充實有趣的人生道路將更加困難重重。

但一個人真的有可能成為成功的大學生，同時享受歡樂的四年嗎？我最初踏入大學校園時也覺得沒辦法，你不可能又要玩樂，又要當優良學生。在當時的我看來，你只有兩種選擇：你可以當歡樂學生，把所有精力花在社交、認識新朋友與製造愉快回憶，否則就勤苦學習，每週末躲在圖書館深處念書。我真的以為魚與熊掌不可兼得，直到我認識了海蒂。

大家都喜歡海蒂，她是個歡樂又外向的女孩，認識一堆形形色色的人，似乎無時無刻不散發青春能量，我們明顯看得出她非常享受大學生活。重點來了，她還是羅德獎學金得主，同時是數學領域作家、國家科學基金會研究生研究獎學金得主，以及一個年輕女孩社會服務組織的創辦人。

我還遇到卡比爾，他是我的兄弟會同袍，著名校園爵士樂團的成員，也是十分受歡迎的人。然而，當我真正認識他之後，才發現他也是一家新創公司的執行長、澳洲草根輔導計畫的共同創辦人，以及政治界的新星。

還有社交強者亞諾斯，他居然有辦法同時兼顧兄弟會與聯誼活動——只要有同學開趴，絕對看得到他的影子。但這種狂風暴雨般的社交生活並沒有妨礙亞諾斯連續兩年當選學生會長，或阻撓他畢業後參選州議員的計畫。

顯然這三位學生證明了一件事：**學業成就與工作方面的野心，不一定會和充實的大學生活產生衝突。**這些人前途無量，畢業後，競爭最激烈的公司會搶著僱用他們，最優秀的學術組織會錄取他們，最重要的名人會樂意與他們面談。但這些人也沒有將四年時光花費在不斷辛苦念書、追求完美的學業成績這種目標上，反而每天過得充實愉快，建立了新的友誼，同時還達成令人刮目相看的成就，為未來鋪路。

這些學生並不是為了成就而成就，他們本來就渴求挑戰智力的事物，喜歡將個人興趣轉變成熱血的計畫。他們的經驗告訴我，成為傑出大學生不僅是為出社會做準備，更是讓大學生活豐富多姿、愉快難忘的絕佳法門。

這也是促使我寫這本書的靈感，我想知道如何成為海蒂、卡比爾或亞諾斯這樣的人。在尋找答案的途中，我查訪了許多書店的「大學生活」區，卻一次又一次空手而歸。市

面上有非常多校園指南、獎助學金手冊，以及教人如何考高分、寫推甄作文，與錄取好學校的指導書。有些書聲稱能幫你學會速讀、開發超強記憶力，並增進你的讀書技巧，還有很多教你如何在大學生存的實用書——從怎麼洗衣服到避免大一增重十五磅，樣樣皆有。書局裡各種書籍琳瑯滿目，就是沒有教你如何像海蒂、卡比爾與亞諾斯那樣，成就有趣、充實又令人刮目相看的大學生活。我希望有人能給我衷心的建議，幫助我達成那樣的卓越成就。

在書店裡找不到我要的答案，於是我踏上尋找謎底的旅程。我開始尋訪國內優秀的學生——不僅是學業上的菁英，還體現出多面向成功的人。從常春藤名校——哈佛、普林斯頓、耶魯、達特茅斯與康乃爾——到史丹佛、堪薩斯州立大學、維克弗斯特大學、克萊門森大學、懷俄明大學、維吉尼亞大學與亞利桑那大學，我找到許多傑出的學生，請教他們獲取成就所採用的習慣、系統與心態。

我請他們為有志向的大學新生寫計畫一覽表，追問他們關於時間管理、讀書，以及平衡社交與用功的方法。基本上，我就是想找出這些大學明星的成功祕訣。

老實說，剛開始採訪這些學生時，我心裡有點怕。我不

怕找不到答案，只怕得到的結論是：沒有天才級智商、熬夜數晚的體力或過目不忘的記憶力，你就別想成功。不過，事實證明我白擔心了，因為我的研究顯示**任何人都能成為傑出學生**！你不必是天才，可以每天健康睡眠，記憶力也不必超群，你只需要一些過來人的指導。

該怎麼準備考試和報告？該參加哪些課外活動？該怎麼和教授互動？什麼才是刺激思維又維持樂觀的好方法？你該如何平衡愉快的社交生活與雄心勃勃的日程表？怎麼樣才能量身訂製完美的活動，符合你的能力、興趣與喜好？這些是每個學生都應該提出的重要問題，而答案就在這本書裡頭。

本書收錄了七十五條法則，每一條都是美國頂尖大學生生活的精髓。他們不僅回答了上面提出的問題，還給我們更多好建議，隨便翻到一頁，都是幫助你充實度過大學四年的簡單忠告。你不可能光靠其中一條法則就拿到羅德獎學金，但也不必七十五條都嚴格遵守。選擇一組吸引你的規則，花時間在大學生活中履行它們，你就會看到顯著的成效。只要下定決心積極努力，你就成功一半了。

遵行這本書裡的建議，你將能充分利用大學提供的一切，確保自己出社會時有最好的開始。我會幫助你找到完美

的平衡點，讓你縱身躍入有趣的熱忱、令人欽佩的成就，以及美好的友誼。

　　祝福你順利踏進人生的新階段，希望這本書能夠幫你獲得並掌握你將遇到的各種機會。

卡爾・紐波特 Cal Newport

RULE 01

不要讀完所有的指定閱讀

　　在大學，教授會開非常多指定閱讀給你，多到不像是一個人有辦法讀完的書目與文章。社會與人文學科的課程會給你看似簡短的學術論文，別以為很輕鬆，這些文章滿是詭異的拜占庭式文句和複雜得要命的邏輯脈絡。自然科學課程會吸走你所有的時間，用永無止境的超沉悶技術資料，幫助你培養對長條圖永生難忘的仇恨。有時候教授嫌課程太無聊，會把整本整本的書塞進指定書單，卻只給你一星期的時間看書。聽起來是不是很淒慘？但沒有人規定你要過這種悲哀的生活，只須記得一條簡單的法則：**不要讀完所有的指定閱讀。**

　　對用功的學生而言，無視指定閱讀簡直像褻瀆神靈。你一開始會覺得這條法則很怪，但你接下來就會發現，其實沒必要詳讀書單上每一本書的每一頁。以下是你的新策略：

如果是預習下一堂課的閱讀作業，其實只要事先瞄過重點，上課時用高品質筆記填補缺漏就行了。學生會不敢略讀指定書目，但是你不用怕，你只要學會在短時間內掃完數百頁文字的技能。這裡有一個祕訣：**仔細閱讀每一章的前言和總結，中間大致瞄過就行了，如果一句話特別吸引你的注意力，就在它旁邊打勾——這比用螢光筆畫重點快得多。**

　　別為了理解每一段話的重要性浪費時間，注意那些明顯支持主要論點的段落即可。這樣你一定會漏掉部分重點，但你的教授不會，所以課堂上討論書中重點時專心聽講，補全之前漏看的部分。到了考前，你的課堂筆記加上之前標記的重點，足以幫助你複習課程內容。

　　假如是不在課堂上討論，但你知道教授會考的閱讀作業，略讀時可以看得更仔細點。如果覺得沒把握，可以在教授開放的時間去辦公室找他討論閱讀作業的結論，並且好好做筆記。用這種仔細略讀與記錄教授心目中重點的方式，你能非常有效率地完成考前準備。

　　如果教授指定好幾本書要你寫閱讀報告，你必須事先弄清楚報告的主軸，只讀那些能夠幫助你建立論點的篇章，參

考讀物全部跳過。我們很感謝教授教學的好意，但你的時間有限，有更值得你花費時間去做的事情。

如果是自然科學課程，通常每門課會指定一兩章晦澀的技術性文章，內容絕大部分都是教授接下來講課會解說的主題，這時候你可以快速掃過這些章節，大致有個概念，把精力留到上課時專心聽。自然科學課程不會考閱讀，考的是課堂上教的觀念，而你作為學生的責任，就是上完課後理解授課內容，並且有自信能夠實際應用這些觀念。

假如你發現自己跟不上教授的板書，預習時就得讀得認真點，直到你能跟上老師講課的速度。總之，自然科學課程的指定閱讀不該占用太多時間，集中精神聽講和寫作業才有效率。

這種處理指定閱讀的態度確實需要練習，一開始你應該保守一些，盡量完成閱讀作業；隨著你對教授與課程架構的認識加深，你就可以逐漸減少讀指定閱讀的時間，直到你找到預習與效率的完美平衡點。

你是否曾經好奇卷哥卷姊在極有限的時間內，如何完成這麼多作業呢？這條法則就是答案的一大部分。

RULE 02
建立週日儀式

對懷有野心的大學生來說，星期天是一週最重要的一天。星期天早上，蜷縮在沙發上和老朋友——電視——敘舊確實很誘人，但你一定得忍住。為什麼？因為**星期天能決定接下來一週的氣氛。**

我這句話千真萬確，你別懷疑。如果你在星期天進入戰鬥模式，就能積極開啟新的一週；如果你允許自己被星期天攻陷，接下來七天就會陷入漫長的追趕賽。那麼，你該如何克服沙發的誘惑，善用星期天呢？

這裡的祕訣是：每個星期天早上進行同樣的儀式——任何能使你頭腦清醒，推動這一天的儀式。可能是邊喝濃咖啡邊看報紙、和朋友散步、去慢跑後沖熱水澡，或花點時間逛

逛附近的書店。當你的思維能量受到刺激、集中力飆高時，接下來，在圖書館找一個安靜的位子開始用功。其他同學睡懶覺的時候，你能充分利用無人打擾的一天，預先完成學習進度。

這樣的週末儀式，會幫助你的心態從週末耍廢，切換到平日的認真模式。假如你整個週末一直開趴玩樂到星期天晚上，星期一早上只會顯得更沉悶。以掌握所有工作的姿態開始新的一週，你會得到成就感，也能夠藉助星期天的好心情與氣勢接受接下來數日的挑戰。好好掌控你的星期天，你就能掌控接下來一週。

RULE 03
每學期至少退選或停修一門課

　　如果說你是大學超人，那低品質課程就是你的氪星石。永遠別小看每學期選一批好課的重要性，引人入勝的課程、有魅力的教授與合理的要求，就是優等教育的關鍵。而品質差的課程、教學模式不合的教授與不合理的要求，正是胃潰瘍的關鍵。

　　你必須全力避免劣質課程。這些課會讓你不開心，會打斷你學業上的衝勁，會奪走你力爭上游的意志，還會害你的成績變得很難看。

　　那麼，你該怎麼確保自己的課表每學期都百分之百完美呢？其實大部分的大學都有退選課程的選擇，你只需要在截止期限前提出退選即可，退選之後不必繳學分費，成績單也

不會留紀錄。善用學校的選課系統，學期初多選一兩門課，第一週試聽過後退選最不喜歡的幾門課。

學期第一週，當你決定要保留哪些課程時，務必觀察每一位教授的教學模式，仔細研究課程大綱，然後去書店翻閱指定書目。如果你還是不知道該不該退選一門課，找時間去教授的辦公室和他談談課表、課程的工作量，以及教授的教學態度。你也可以試著找其他修過這門課的同學，問問他們的想法。

或許開學第一週你會變得很忙，但是別忘了，辛苦的第一週總比後續苦不堪言的十六週好，而且沒有比為一門你不感興趣的課用功更痛苦的事了。每學期退選或停修課程，就是避免學業上痛苦的保險，你一定要善加利用退課機制。

RULE 04

分配到長期作業的當天就動工

大學生最受不了長期作業了。為什麼？因為我們非常、非常不擅長完成這種作業。我說得千真萬確。此時此刻，各大學的校園裡，無數學生正試圖說服自己：他們有辦法在一個晚上匆匆忙忙趕完作業，就應該遵行這個計畫。你不必成為這些人的一員。

拖延是誘人的毒藥，但你能用非常簡單的技巧戰勝它：**分配到長期作業的當天，就完成一部分的進度。你不一定要完成很大一部分的工作，只要花三十分鐘就夠了，做一件簡單的工作吧**：在行事曆上記下研究計畫表；大致理清研究大綱；去圖書館借幾本相關的書，大略讀過前言，列出一些能用來當論題的題目，這樣就行了。

一旦你完成一部分工作——無論是多麼小的一部分——你就會發現，提早開工並沒有你想像中那麼討厭，其實感覺挺棒的。你比全班早開始一步，而且這一步走得毫不費力。這種成就感威力強大，不管你信不信，它能讓你越來越期待提前完成待辦事項，屆時你一回神，工作就完成了。最重要的是，完成時間不會是截止期限當天的凌晨四點四十三分。

當然，這種方法並不是準時完成長期研究作業的仙丹，大學的大型作業仍然非常、非常困難，不下工夫是無法順利完成的。（關於這點，請見第 52 條法則「記錄每天的工作進度」。）但是，無論它的心理學原理為何，分配到作業的當天就開工，是減少拖延傾向的良藥。所以，你也試試看吧，沒理由被長期作業逼得在最後一刻抱頭鼠竄。從小部分做起，從現在做起。

RULE 05
整理床鋪

原來媽媽說得對，你每天早上都得整理床鋪，最好是一醒來立刻摺被子。養成每天整理床鋪的習慣，就像刷牙一樣堅持不輟。但這樣還不夠。別把衣服亂扔在房間裡，請在更衣後將衣服放進洗衣籃或衣櫃；書本看完歸回書架；紙張和筆記本用完放回抽屜；垃圾桶每天清空。

這些是保持寢室乾淨整潔的基本要素，而且是你每天必不可少的動作。那麼，為什麼整理床鋪這麼簡單的動作，能影響你大學生涯成功與否呢？

因為乾淨的房間能使你精神集中，房間髒亂只會令你分心。你當然希望自己專心致志，越專心就能越有效率地解決大學生面對的挑戰。當你動不動就被披薩盒絆倒，要找一雙

乾淨的襪子得在地上的衣服堆嗅來嗅去，讀書前還得在家具下、電器後翻來找去，怎麼可能有認真做事的動力？

假如有一篇報告等著你寫，你在哪種環境下會更容易動工呢：寢室彷彿戰亂區，書桌成了堆積髒衣服、奶油夾心蛋糕包裝紙的平臺……還是乾淨、有條理的房間，書桌整齊，所需的資源伸手可得？

當然，你也可能運氣不好，剛好和亂七八糟的室友同寢室。你不太可能改變室友的行為──相信我，在你之前已經有好幾千人嘗試過了──但這不代表你能和室友一樣髒亂。把你的區域打掃乾淨，主動為寢室的公共事務負責，主動倒垃圾、掃地與定期擦灰塵。這聽起來或許不公平，但為了成為大學勝利組，這點代價不算什麼。

如果你無法維持房間整潔，你永遠無法過上有條不紊的人生。把自己的生活空間打掃乾淨，減少令你分心的事物，你會感覺自己掌控了環境，這些就是支持你達成夢想的個人特質。我知道你很痛苦，但整理房間很重要，而且你媽知道了一定會很高興。

RULE 06
一年申請十項獎學金

傑出學生的履歷表上，最引人注目的部分一般是得獎那一節。當你看到一項又一項獎學金列在令人自卑的無數獎項之中，很難不對這個人刮目相看。

這是羅德獎學金得主不想告訴你的祕訣：**任何學生都有能力得到一大堆榮譽獎項。**關鍵是，你不能妄自菲薄地認為獎學金和榮譽獎項是特定學生的專利。事實上，很多獎學金和榮譽獎項都是由累得半死、毫不關心學生的行政人員負責頒發；而用正確方法申請獎學金的學生根本少得可憐，負責人還得從中選出贏家。

因此，倘若你花點時間申請，在申請表中展現出你的努力，很多小獎項根本唾手可得。請好好把握這種機會！

你應該這樣做：連絡你的系辦公室、職涯發展中心，以及和你所學科系相關的部門，請他們提供獎學金與榮譽獎項的資訊。除此之外，利用 FastWeb（www.fastweb.com）與 FinAid!（www.finaid.org）等網路資料庫，搜尋更多符合你需求的獎學金。連絡你父母、親戚、兄姊上班的公司，問問他們有沒有提供學生獎學金。最後，在你感興趣的產業之中，尋找提供獎學金的公司或組織。

接著，從你的目標清單選出最適合你能力、志趣與成就的十項獎學金，在行事曆上記下申請截止日期，挑選合適的時機向這十項獎學金提出申請。務必每年完成這一系列動作。

如此積極的行動難免會花上好幾個小時，但等你大學畢業，履歷表上的榮譽事蹟就會多到令人嘆為觀止。你想想看，你煞費苦心選了十項獎學金，每一項都認真申請，那至少有機會拿下其中一項，甚至兩項、三項。隨著你贏得的獎學金越多，之後申請時，過關的機率就越高，代表你在四年後，你將能帶著光鮮亮麗的履歷表踏進職場或研究所。這樣的優良學生令人欽佩，也不常見，是問鼎菁英世界的絕佳法門。

RULE 07

建立讀書系統

聰明人是怎麼讀書的呢？這些人有各式各樣的讀書竅門。有個數學系學生為每一種複習策略打分數，用表格確保自己在考前累積到目標分數。有個法文系學生為學習新單詞，創造了複雜的問答遊戲。還有個政治系學生在牆上貼了巨大的知識地圖，用鮮豔的毛線連接各個概念。

聰明人會自行創建複雜的讀書系統，這些複習方式的細節並不重要，只要是具體、有條理且有創意的方法即可。請向這些人學習，**制定系統化的讀書計畫，想清楚你要複習什麼、用哪種形式複習、複習幾次，還沒想清楚就先不要開始念書。**

當你創建具體的讀書系統時，一項恐怖的工程就被你分

割成可完成的數塊，你也因此能把用來擔心的精力轉而用來學習。無系統地讀書，你只能漫無目的地在課程內容中遊蕩，沮喪地盯著一大疊書本，內心已萌生放棄的念頭。有了讀書系統之後，你的任務會變得更可以接受。

在你翻開第一本書之前，先花十分鐘寫下自己的讀書計畫。你可以參考第 26 條和第 70 條法則（「提前兩週開始念書」和「用提問記憶法念書」），找出有效率的複習方式，然後列出一份清單，在每一項任務旁邊畫一個大框框，只要完成任務就打勾。一旦你制定一份讓自己信心滿滿的讀書計畫，就能拋開所有的不安，不再煩惱自己無力面對考試。現在，你只要找時間完成計畫表中列舉的每一項任務。

此外，**你的讀書系統越奇怪、越有創意，效果越好。**這會減少枯燥感，讓你在讀書時增添新鮮感與樂趣，使你的記憶更鮮明。這也是那位數學系同學用分數系統、法文系同學設計問答遊戲、政治系同學將毛線貼在牆上的原因，他們的讀書系統不僅全面，更是趣味十足。他們用聰明的方法學習，所以成績斐然。

在讀書這方面，制定計畫和執行過程同樣重要。少了讀書系統，你可能會耗費多餘的時間、精神，還賠上你的成績。

RULE 08

結識教授

　　教授和大家想得不一樣，他們不是學術界的大魔王，也不是專門從象牙塔跑出來，用報告、迂迴的課程大綱與申論題折磨你的怪獸。實際上，大多數的教授人都不錯，而且更重要的是，在你充實的大學生涯中，這些教授是你最關鍵的盟友。

　　想成為傑出學生，你就得結識教授。讓教授成為你的人生導師，將你的學業計畫、人生目標、憂慮與成就說給他聽。你和教授的友誼能夠幫助你找到靈感，你能因此挑戰遠大的學術目標，並接觸有趣的新事物。

　　教授是幫助學生成功的守門人，他們能幫你寫推薦信、介紹你認識重要人物，他們能從過來人的角度提供意見，幫

助你申請著名獎學金、競爭激烈的學術計畫、夢幻實習機會、特殊榮譽獎項等，基本上，就是幫助你充分利用一般只有頂尖學生才接觸得到的各種機會。簡而言之，若學術成就是一部機器，教授就是能源的提供者。

別擔心，讓教授成為盟友並不困難，他們很喜歡和學生互動，因為教授平時也只能透過學生得到關於自己工作成效的回饋。想建立有意義的師生情誼，首先，你得固定在教授的開放時間去辦公室找他。有的學生會擔心自己並沒有具體的疑問，這時候，「觀察」就是最重要的祕訣。

你可能一開始不曉得，其實找教授諮商的機會比你想像中多：寫報告時，你可以找教授討論報告的題目；選定一個主題後，可以再去找教授問問他的意見；等你開始寫報告時，可以請教授幫你檢查你的論述是否通順。考期將至時，你可以請教授說明較困難的課程內容。假如你修的是比較技術性的課程，當然可以找教授討論作業，或將課堂上沒聽懂的概念問清楚。

倘若你和教授建立了融洽的關係，接下來就能從課程相關的問題，逐漸轉移焦點到更廣泛的學業問題。即使學期結束也別斷絕音訊，固定找教授談天，每隔一陣子就去辦公室

將自己的近況說給教授聽。假如教授開了你感興趣的其他課程，就特別去修那門課，展現出自己向那位教授學習的努力。久而久之，教授也會注重你的未來，幫助你成功。

這樣的做法並不是阿諛奉承，如果有人這麼說，你直接無視就好了。結識教授是再自然不過的行為，在複雜而刺激的四年求學期間，學生找有經驗的人指導是天經地義。教授能在你們的關係中收穫滿足感與教導學生的成就感，並提供各式各樣的機會與人生建議給你，是互利互惠的關係。送禮什麼的就不必了，建立認真、有品質的師生關係，才能表現出你對學生生涯認真的態度。

RULE 09
當社團的社長

　　我就直話直說吧，失敗的學生認為自己沒時間參加課外活動；一般的學生會參加課外活動；而成功的學生會組織課外活動。你聽清楚了：**你完全有能力經營學生組織。**這沒什麼好怕的，也沒你想得那麼複雜、那麼費時，你完全有能力辦到。一般而言，只要你是有條理的人，當社團幹部再怎麼有挑戰性也難不倒你。請謹記這點，因為大部分的學生會低估自己，只滿足於參與活動；而你，則是管理社團的棟樑之材！

　　找到你感興趣的校內社團，盡早加入。努力做事，別錯過任何一次社課，只要有機會就挺身而出，踏上成為領導者的路。

假如你有實在的想法，想創建目前不存在的社團，那就更好了。花一年時間參加現存的社團，充分理解你們學校學生社團的運作模式，然後向學校申請創立新社團所需的資源。

為什麼這樣很好？因為很少有比經營學生社團更有收穫的大學體驗了，你會在過程中獲得領導同學邁向目標的自信，也會在課業以外的方面找到不同的成就，不讓自己被侷限在學業領域。你會認識和你志同道合的朋友，建立教室中罕見的友誼。當然，當你申請獎學金、找工作或參加競爭激烈的學術計畫時，當過社長的你會在競爭者之中脫穎而出。

要過豐富的大學生活，你就不能只關注學業成就，但也別把時間浪費在零零散散的小事上。集中精力完成幾個特定的目標，假如你想成為出眾的學生，你可以從管理大學社團開始。

RULE 10
每天讀報紙

　　如果你的頭腦是一塊肌肉，那看報紙就等於腦袋的健美體操。想在學業上成功，你的頭腦就得時時刻刻精力充沛、胸有成竹且蓄勢待發，因此，**你應該每天看報紙。**

　　每天在同一時間讀主流報紙，是累積腦袋能量、為挑戰做準備的完美戰略，請養成習慣。如果你有這些資源的話，可以輪流讀《紐約時報》（*New York Times*）與《華爾街日報》（*Wall Street Journal*），兩者都是品質優良的大報，結合起來你就能建立平衡的世界觀。假如你沒辦法閱讀這兩份報紙，可以試試《今日美國》（*USA Today*），雖然報導不如上述兩者深入，但它的文章都十分適時，而且你完全可以一口氣讀完。真的沒辦法的話，你可以在網路上看這些報紙的電子報。當地新聞雖然有趣，但比不上主流報紙的報導。

務必閱讀頭版每一篇文章，再從內頁每一版挑兩三篇你感興趣的文章來讀。別直接跳到體育版，試著每天擴展自己對世界的認知。經常性閱讀主流報紙，你才跟得上國內外的政治、經濟與藝文新聞，增進你的信心與大腦活力，不同的觀點與資訊也能幫助你完成作業。每日閱讀是有抱負的人最必要的大腦糧食，請不要讓你的腦袋挨餓。

RULE 11
培養一項勝過所有人的技能

想在大學時期成功，你得培養健全的自信。自信和高傲自滿不一樣，驕傲的人內心通常缺乏自信。你要成為有自信、有自尊心，同時又謙虛的人，這些才是受人喜歡且成功的學生該有的特質。

成為這樣的人會不會很難？其實不會。**培養自信有一個好方法，那就是培養過人的技能。**每個人都有自己擅長的事物，你只要找到自己的長處，然後不斷磨練自己，直到你在這一點勝過所有同學就行。

培養一項能成為你特異之處的技能，這項技能可以是彈吉他、寫小說、投籃或烹飪。我再重申一次，這項技能不是給你自誇用的，你若真有過人的才華，不用整天提醒別人他

們也知道。你之所以培養技能，是為了塑造你的特性與自信。

這為什麼如此重要？因為大學是高度社會化的環境，你和數千名陌生同學被扔進小小的校園，這時候許多人沒辦法堅持自我，開始將自己的價值建立在他人的尊重與崇拜之上。如果你受邀參加熱門派對、考試考得好，或能吸引一起排隊買午餐的可愛女孩（或男孩）的目光，你就自我感覺良好；但如果你星期五晚上沒事做、考試考砸了，或發現可愛女孩其實是對你身後的猛男男友微笑，你的心情就一落千丈。你的自尊心就像雲霄飛車，每天受你無法控制的因素影響，這樣的你怎麼可能成為大學勝利組？

當一個人需要好事降臨才能有好心情，那麼這個人的生命就只能圍繞著「維持好心情」這個唯一的目標運轉。你會受制於這樣的心態，總是想躲避任何負面事物，也永遠不會嘗試接觸新事物。至於傑出的學生呢，他們很少做普通的事，這就是他們非凡的原因。他們能找到更好的方法、新穎的行動方式，並且永遠抱持好奇的心。唯有擁有堅強的自信心，你才可能培養如此積極進取的態度。

培養這種特質並不容易，但培養勝過所有人的技能，正是達成此目的最好的第一步。**成為一件事的霸主，你就是在**

地上插一面旗，為自己樹立自信的領域，也向世界宣布你是什麼樣的人。別讓其他人支配你對自己的看法，強化你的個性，然後征服你的世界。

RULE 12
避免每天列出待辦事項

不知為何，大部分學生在很小的時候就被灌輸一種概念：系統化做事最有效的方法，就是列出每天的待辦事項。你多半試過這種做法，基本上就是列出你今天必須完成的所有事項，接著有組織且毫無偏差地完成所有事項，每達到一個目標就把它畫掉。

最好是這樣啦！學生要學著管理時間，而最重要的一條規則就是：**每日待辦事項在大學不管用。**

你的日程表太複雜、太無法預料了，有時候一項作業就能占掉一整個晚上，有時候花幾分鐘就能完成。你的朋友會無預警地來找你，一頓飯可能會吃好幾個小時，有趣的娛樂活動可能在最後一刻才冒出來。

再厲害的待辦事項表也無法理清你忙亂的大學生活。如果你照著待辦事項表度日，一有空閒時間就努力完成清單上的事項，你會過得非常沒效率。這裡教你一個管理時間的好方法：

每天早上去上第一堂課之前，從筆記本撕下一張紙，在紙張左邊的空白處，隔行寫下一天除睡眠以外的時間，接著填上你的上課時間，再填入用餐時間，以及開會等預先安排好的活動，餘下空白處就是你能工作的空閒時間。這是看清日程表的好方法。

現在將空閒時間以小時為單位劃分，預定你要在這些區間完成的工作與作業，留至少一個小時完成小雜務。在這塊空白處旁邊做小小的待辦事項清單，列出當日必須完成的所有事項，這麼一來，即使大部分時間被巨型工作占據了，你也不會忘記買牙膏或還書等生活小任務。

把這張紙帶在身邊，今天就靠它安排工作時間。如果突發事件打亂了你預定的日程（這種事絕對會經常發生），你只要在下一個容許你喘口氣的時機拿出這張紙，花半分鐘重新整理今日剩下的時間。

這樣的方法我只用兩段話就說完了，你一天也只需要幾分鐘時間實踐它，但它的效果遠勝每日待辦事項。除非你很愛壓力，否則請你對自己好一點，試試我說的時間分配方法，這才是聰明的時間管理原則。

RULE 13
學會放棄

除非你是電影《洛基》（*Rocky*）的男主角，否則請謹記一句話：**放棄並不是懦弱，是戰略技巧。**當你面前擺著可能會吞噬你一生的報告或工作，就放棄吧。

是的，你沒聽錯，請你放棄。當然，對所有堅信意志力與決斷力的優秀學生而言，這聽起來可能有點奇（荒）怪（唐），但儘管努力不懈確實是令人尊敬的優點，它在大學卻一文不值。

在高等教育這個高壓環境中，遇到問題時，埋頭苦幹還不夠，你得學著用聰明的方法分配寶貴的時間。面對困難的問題或費力的事情，試著用合理的方式著手——別忘了，重要的工作往往費時費力。然而，當你再怎麼努力也無法解決

問題，當你再怎麼分配時間也會被恐怖的工作吞噬時，就放棄吧。

這不代表你要想也不想就放棄，你可以約教授談談，或找同學聊聊，請他們幫助你解決這個無法解決的問題。或者，你可以在一段合理的時間內逐漸減少你在那項工作中的參與，適當地清空你的日程表。

我們來看看幾個範例，以此說明何時該放棄，何時該堅持。假設你在寫經濟學的作業，你花了很多時間和精力還是想不出答案。首先，找教授或助教幫忙，然後去做其他的事情，別一頭熱地熬夜苦思，這樣你不但寫不出作業，還會累死自己。

那麼，假設你參加了社團，每週二晚上都得花好幾個小時安排校內會議。假設你因此感到困擾，因為這麼一來你能在星期二完成的工作就變少了——這不是放棄的好理由。你可以調整星期天和星期一的日程表，補足星期二失去的工作時間。這項新工作很困難沒錯，但完成這項工作並不是白費力氣。

最後，假設你的社團事務大幅膨脹，你幾乎每天都得撥

好幾個小時出來做社團工作，無論你多仔細安排日程，總是會對其他事情造成負面影響。在這個情境下，你無法控制你投資的時間，光是這項工作就嚴重影響你其他的事情，完全不成比例，那麼你必須放棄。將這份工作的一大部分分派給其他人，或是離開負責人的職位。

在上述幾種情境中，決定放棄與否的關鍵字是「**生產率**」。只要你有效率地利用時間，花好幾個小時做一件事也沒關係。在第一個例子中，你不找人幫忙，就不可能完全理解那些題目，所以花再多時間，生產率也不會提高，放棄是明智的選擇。

在第二個例子中，你在星期二晚上所做的事情生產率高，你完成的是重要工作，而且你有足夠的時間彌補耗費的工作時數。你只需要重新安排一週數小時的時間，就能獲得巨大的成就，這時候放棄的話，你會白白喪失一個利大於弊的好機會。

第三個例子就比較困難了，也許你會覺得你完成的每一項任務都很有意義，但全部累積下來，你的生產率就變得極低。假如一項工作沒有時間範圍，你拋開其他事情，連續好幾天不吃不喝也無法達成工作要求，那麼這份工作的生產率

就太低了。你投資的時間遠遠超出最終的報酬，如果不放棄，就會為這一連串的工作賠上自己的每一天。

　　所謂生產率高的工作，就是能在一段特定時間內有效率地完成的工作。如果一項任務沒有可見的終止期限，或者投資大量時間卻只能收穫小量的成果，你就必須放棄。**學會放棄，就是學會清除生產率低的雜事，讓你最佳化利用時間完成你想做的事。**這是你應該培養的技能。記住，策略性放棄並不是怯弱，而是明智的生活管理。

RULE 14
永不睡午覺

這麼說令我痛苦萬分，但這件事實在太重要，不能不提。讀大學期間，**不要睡午覺**。（我先暫停一會，等你們抱怨完再繼續說。）

先聽我解釋，下午或天剛黑的時候睡午覺會吃掉大量時間，而你的時間是有限的。除此之外，睡午覺會害你精神不濟、無法專注，還會打亂你的正常睡眠時間。更何況，這種行為很快會成為戒也戒不掉的壞習慣，你每天下午將遺失好幾個小時，晚上輾轉難眠，上課時間保持清醒變得困難無比。一旦養成睡午覺的習慣，你就改不回來了。假如你白天會無可避免地疲憊，除了睡午覺之外，要恢復精神還有更有效的方法。

如果你下午感到有點懶散，就去戶外做點輕鬆的運動，可以跑跑步、打一場籃球、快走，任何使你心跳加速的活動，都能讓你精神一振。倘若運動沒有幫助，就從生物化學方面著手，用飲食改善疲勞的狀況。吃一些新鮮水果，喝一公升冰水，你的身體就會像灌了火箭燃料般全力衝刺。

如果以上方法都試過了，你的眼皮還是一直打架，先別急著向午覺投降。把那些困難的書本先擺到一旁，做一些更簡單的工作，像是列一份待辦差事清單、打掃房間、寄信、買菜、打出上課筆記的電子檔、整理課本與講義、去圖書館借還書，然後——這是最重要的一步——早早躺上床，好好睡一整晚。關鍵在於，在白天完成你的各個目標，同時不打亂你的生理時鐘，別讓這件事毀了兩個工作天。保持高能量運作，並立即回歸正常睡眠，你就能避免午睡對一天所造成的傷害。

RULE 15
開學第一週就報名參加活動

　　說大學開學的第一週令人尷尬，也太輕描淡寫了。第一週你誰都不認識，學生餐廳的使用方法還沒搞清楚，你總覺得再有人逼你玩破冰小遊戲，你就會崩潰地用那個人寫名牌的簽字筆把他戳死。

　　遇到這樣的情況，有些人會整天窩在宿舍裡看電視或讀書，成為宅男宅女。其實這樣的做法並沒有你想像中那麼淒涼，你再怎麼努力龜縮，還是會透過各種隨機事件慢慢認識其他人。但是，宅男宅女會錯過很多早早參加有趣活動的機會，而趣味與靈感正是幫助你成為大學勝利組的最佳燃料。

　　所以，別泡在宿舍裡默默度過大一上學期，你應該全心接納新環境，開學第一週就報名參加活動，例如校隊、校刊、

友會、校內廣播電臺、樂團，或定期討論世界大事的社團。你能參加的活動多到數不完，選一個你感興趣的參加就行。

第一週是加入新團體的好時機，會有許多新同學陪你一起學習，你會瞬間認識很多新朋友，在大學第一學期找到課堂外的樂趣。當你先找到一群熟面孔，在圖書館擦身而過時能打聲招呼，你的大一很快就會變得不尷尬。而課堂外的小任務能點燃你的野心與靈感，幫助你成為大學勝利組。

最快樂的學生，就是參加最多活動的學生。你越早找到大學時期的消遣與目標，就能越早起步。

RULE 16

持續進行某項「大計畫」

成功且有趣的大學生有種種不同的面貌，不過他們有一個共同點：具備令人欣賞的「可能性」。

大多數的學生滿足於走在大眾的道路上，而頂尖的學生熱愛大計畫，他們渴求追尋前人鮮少嘗試的機會，並引以為樂。一個平凡的學生能在自然科學課程拿下好成績，而一個頂尖的學生會加入研究團隊；一個平凡的學生可能會寫信給校刊，而一個頂尖的學生會定期寫專欄；一個平凡的學生想加入社團，而一個頂尖的學生會創立全國性組織。**想在大學成為傑出的學生，你就該心懷「所有事情都有可能」的雄心。持續進行某項「大計畫」正是培養這種態度的好方法。**

首先，深入探索你心中的抱負，假如你能夠選擇自己五

年後從事的事業，你會為自己選擇什麼樣的道路？接著，著手設計並施行遠大的「大計畫」，一步步接近你的答案。

打個比方，如果你想成為《紐約客》（The New Yorker）雜誌的作家，你的「大計畫」可能是透過校刊發表一系列見解獨到的非小說文章，接著透過當地報紙、二級全國報刊發表文章，直到你達到目的。假如你的夢想是成為好萊塢電影的劇本作家，你可以搜尋即將來臨的學生劇本比賽，將截稿期限貼在牆上，然後努力在截止期限前完成原創劇本，投稿參加比賽。如果你聽到年輕人創業的故事就感動不已，你可以寫下有創意的創業構想，架設網站，直接在寢室開辦自己的公司。

你的「大計畫」應該是一系列可行的非學術成就，結合起來能夠助你邁向你的熱望。想得宏大一些、勇敢一些，當你向別人說明你的「大計畫」時，聽眾應該有「哇！」的反應。為這樣的計畫努力時，你會時時刻刻精力充沛、心潮澎湃。你會更清楚你要面對的壓力，偶爾冒出來的壞事也會顯得微不足道。當你在進行目標遠大的計畫時，你會感覺自己所向無敵，彷彿走在時代尖端，成功鑿出全新的道路。就算無法每一次都成功也無所謂，光是放手一搏的新鮮感與刺激感就能構成一股強大動力。

也許你覺得這些聽上去像是心理學的屁話，但你只要嘗試施行「大計畫」，你就會懂了。當你完成你的劇本、看到你寫的文章被刊出，或是收到創業以來第一張支票時，那種成就感實在難以言喻。你完成了令人興奮的任務，之所以這麼做，是因為你想看看它可不可行。一旦完成一項「大計畫」，天底下再難的工作都嚇不了你，你將乘著這份「可能性」在不久的將來發光發熱。

RULE 17
修藝術史與天文學

你知道莫內（Monet）和馬內（Manet）這兩位藝術家有什麼不同嗎？你知道什麼是宇宙常數（cosmological constant）嗎？

倘若這兩題你回答「不知道」——或者回答「知道」，其實只是為了在旁邊的人面前吹牛——那麼，**請在畢業前修藝術史與天文學**。在你主修科系以外的所有課程中，這兩門課再重要不過。

在藝術史方面，建議你修一門有介紹近代藝術的導論課程，除了了解莫內與馬內的差別之外，也認識一下畢卡索的形式主義風格，以及觀念藝術運動的各大藝術家。別輕易相信大家說的「藝術史可以自學」，大學課程可能是你這輩子

認識藝術與文化的最後一次機會了。往後參觀博物館或參加雞尾酒會，你都有掛得住面子的談資，更重要的是，當你認識了現代藝術的中心思想時，你也大致了解了二十世紀理智主義的發展。

聽起來很傲慢嗎？其實這些很有趣，也是每一個學生都應該學習的重要論題。一個人了解了現代主義與後現代主義的原則，同時也會得到鑑賞現代藝術 —— 畫作、小說、戲劇 —— 的智慧彈藥，並且成為你認識上個世紀現代哲學與激進主義的出發點。這是輕鬆弄懂當代思想與表現的好課，別錯失良機！

至於天文學，建議你修一門含括宇宙學的介紹性課程。科學界目前對物質的本源、宇宙膨脹，以及時空形態的解釋，這些都是史上最驚人的科學發現，而且在導論課程中這些理論很容易理解，必定能讓你大開眼界。除了了解世界的歷史之外，你還能無痛地認識科學方法，在這個科技越來越發達的時代如魚得水。

在這些課程中，你除了學到藝術與天文的細節之外，也是在課業上跳脫自己的舒適圈。這會勾起你的好奇心，點燃你對知識的熱忱，使你受益良多。當你發現自己能在同

一天認識現代藝術評論家克萊門特・格林伯格（Clement Greenberg）與粒子物理學家的始祖史蒂芬・霍金（Stephen Hawking）時，其他學科也會顯得沒那麼可怕。在學術環境中，好奇心是快樂與成功的關鍵。盡早修藝術史和天文學，你的大學生活會變得更豐富多姿。

RULE 18
一學期當一次調分障礙

　　想像下述情境：講臺上，教授正在發還你們班上次繳交的研究論文，教室內哀號聲此起彼落，表示教授這次改得特別嚴格。嚴格也是情有可原，畢竟這份報告占總成績的百分之四十。叫到你的名字時，教授叫你下課後留下來。慘了，你焦慮地等著同學走出教室，講堂只剩你一個學生……

　　這時，教授走到你面前，和你握手。「恭喜！」他興奮地說，「你的報告是全班最高分，其他人輸你一大截！」

　　聽起來是不是很棒？趕快習慣這種感覺吧，因為想在大學取得成功，你每學期都必須在某一門課的某一項作業上，下這樣的工夫。成為調分障礙的益處相當明顯：你的成績會非常漂亮，教授會對你印相深刻，當你需要推薦信或建議時

他必定會大力協助你，而且你會對自己充滿自信。

你可能不曉得，經常性成為調分障礙其實很簡單，關鍵是**選對戰場**。

你修了那麼多門課，每門課的每一份作業都要做到鶴立雞群幾乎不可能，大部分的作業都沒那麼簡單，況且在你跟不上或不感興趣的課程中發光發熱也不容易。但是，**在你非常喜歡的一門課、非常感興趣的一份報告、時間上沒有太多衝突時，拿出卓越的表現並不難。**

因此，你每學期都應該選擇一門喜歡的課，在課程中挑一份有趣的報告全力以赴。拿到作業之後即早開工，努力寫報告，不僅要達到教授設下的目標，更要超出他的期望，並附上更多補充資料以表現出你的才華與熱忱。

假如你寫的是藝術史的報告，別照著指示描述一件藝術品，你還要拿其他作品和它比較，支持你在非指定書籍讀到的抽象理論。假如你在做電腦課的程式設計作業，安排好時間讓自己提早一週完成指定項目，再加上一堆酷炫的功能。假如經濟學大考將至，就花兩倍的時間讀書，以完美的成績為目標。

一學期致力用最完美的方式完成一份作業，其實不會花費太多時間或精力，尤其當你提前安排時間並選擇適當的目標。你的努力將換來巨大的回報。

RULE 19
每堂課問一次問題

在教授講課的漫長過程中保持清醒並不容易，特別在早上或一頓豐盛的午餐過後，你費盡畢生的精力才勉強撐開眼皮，但眼皮還是越來越沉重……就這樣，一節課過去了，你除了如何擦掉筆記本上的口水之外，什麼也沒學到。想成為成功的大學生，就得竭盡全力預防這種事情發生，而課堂上保持專注與興趣的最佳方法，其實很簡單：**每堂課至少問一次問題。**

前一天晚上預習今天的講課內容時，寫下一些相關的問題。在課堂上仔細聽教授的解說，適時修改與修飾問題。最後，當你認為你找到一個有意義，並且能闡明重點的問題時，舉手發問。這邊的關鍵是專注於聽講，但又不能變成第一排那個每隔三十秒就隨機提出問題的討厭鬼。

這種方法不僅能幫助你理解授課內容、記憶重點，還能使你精神集中，讓你在聽講時保持靈活的思維。當你和無聊與恍惚奮戰時，這是非常有效的技巧。一堂課提出一兩個好問題能使教授心情愉快，也不會招惹同學的怨憤。

花點時間，每堂課至少提出一個問題。這一點也不難，而且能大大改善你的上課品質。

RULE 20
盡快跳入研究圈

　　我說一句老實話，你聽了別難過——你和你的課程在大學教授生活中，只占極小的比例。大部分的教授雖然喜歡教導大學生，他們的工作範圍卻遠超出課堂，任何大學或研究機構的教授有一個首要職責，那就是定義模糊的「推進領域內的知識」，主要就是學術研究與論文發表。簡而言之：**所有重大事件都發生在研究圈**。你若真想在大學期間出人頭地，就得跳入研究圈的中心。你必須參與最新的研究，你必須汲取你身為大學生能取得的機會，在學術界有所成就。

　　你問為什麼？第一，從事真正的研究就像大腦的重訓，它富有挑戰性、啟發性，同時也能給你成就感。一旦你寫過經同儕審查的期刊論文，政治學導論課的報告就會顯得不足掛齒。第二，它令人印象深刻。無論你大學畢業後想走哪條

路，做過研究的你都會給人一種正面印象——你很聰明、你很有衝勁，而且你與眾不同。第三，沒有比花一個週末和教授做生物實驗，更能幫你和教授打好關係的活動了。如果你成為教授研究中不可或缺的幫手，當你需要推薦信與支援的時候，他肯定會全力幫助你。

在這裡，時機非常重要，如果你太晚加入研究團隊，可能無法在畢業前做出成果。所以，在大一那一年先探索各個領域，找到你感興趣的方向，然後在大一下學期開始找實驗室。你可以上院系的網站了解目前的各個研究計畫，看到有興趣的研究就寫信給教授，讓教授知道你想更深入體驗學術研究。在信中提到教授研究計畫中的特定細節，令他們對你刮目相看，最後問他們需不需要大學部的研究助理。就算他們拒絕你，多半也會告訴你哪裡有研究助理的空缺。除此之外，隨時注意大學生研究獎學金，拿下獎學金之後，就更容易找到願意收你的教授了。就是這麼簡單。

學生常誤以為只有科學領域才有得研究，你若這麼想就大錯特錯了。英文教授和生物學教授一樣，經常在學術期刊發表論文。和英文教授一起進行研究，你可能會查閱參考書籍、影印書中的章節，而在生物學教授的實驗室裡，你可能要準備實驗、計算結果。無論你選擇哪一種研究，最後都有

相同的收益。不管你喜歡什麼領域，一定有你幫得上忙的研究。

　　還有一個常見的迷思，就是只有大型大學才會進行研究。雖然大型研究機構比小型文科學院更專注於研究，不代表小學校沒有自己的研究計畫。其實小型大學有一大優勢，由於大學部學生人數少，你更有可能接觸有趣的研究機會。

　　提早參加研究團隊，就像喝下成功的神祕藥水，這是最有效且最少為人知的大學勝利法，別讓機會白白溜走。

RULE 21
為實驗室做出貢獻

　　如果說大學生參加研究團隊是最好的選擇，那麼加入後表現出一副「我生來就該得到這個機會」的模樣，就是最糟的選擇。大學期間提早開始做研究，是為了用多餘的時間學習與進步。**當研究助理的第一年，你必須為實驗室做出貢獻。**別抱持任何期待，只要盡力幫忙就好 —— 你應該經常出現，準時完成任務，別讓研究團隊的其他人感到困擾。

　　一旦你充分掌握這份研究計畫，你可以逐步增進你的參與，試著對別人說：「如果你覺得我有能力做到這件事的話，我很樂意幫忙。」這麼一來，你可以取得更多責任，又不會顯得性急、無禮，別人會覺得你樂於助人，而這確實就是你應培養的態度。

當你拿到更重要的工作時，把這些任務當成你的博士論文，慎重地完成它。用你的努力與才華換取學長姊與教授的讚賞，等到你要畢業時，你就是系上的明星。假如你表現得狂妄無禮，太早要求別人給你重要的工作，分配到無聊的工作又怨聲連連，教授怎麼可能喜歡你？你只會在系上臭名昭彰。

　　謙和有禮、積極主動地為實驗室做出貢獻，並感激他人給你磨練的機會，你才能得到參與研究的種種好處。

RULE 22
以五十分鐘為單位念書

大學生約定俗成的知識告訴我們，讀書最有效率的方法是：一、把所有的課本、筆記與複習講義堆在面前；二、讀到你累倒；三、數小時後醒來，不知道自己在哪裡；四、抹布浸過溫水後擰乾，擦掉課本上的口水；五、服用大量咖啡因；六、重複上述動作。**不要這麼做**（除了用溫熱微溼的抹布擦口水，那確實是把口水擦掉的最佳祕招）。

讀書時，無論是閱讀、寫筆記、做實驗或背單字，試著以五十分鐘為單位做事，**每讀五十分鐘就休息十分鐘**。這是任何人成功的關鍵。

為什麼是五十分鐘呢？一來，有許多科學證據。研究大腦認知的科學家畫出記憶能力隨時間變化的曲線，證明約

五十分鐘的讀書時間，再插入較短的休息時間，是學習與記憶的最佳方法。除此之外，將工作分割成有明確界線、有明確結束時間的數塊，也能夠幫助你建立讀書系統。

假如你得在五個小時完成閱讀作業，你可能看到桌上那疊書就感覺沒救了。當你知道後面還有那麼多章節等著你看，怎麼可能專心閱讀第一章？但如果你一次只要認真五十分鐘，不可能的任務會突然變得有可能完成。五段讀書時間似乎沒什麼了不起的，你可以晚餐前讀三個區間，飯後再讀兩個區間，或用你喜歡的方式安排時間。突然之間，你的作業變得沒那麼可怕，你也能用人類大腦最有效率的方式學習新知。

總而言之，就如我們在第 7 條法則所說的，你應該建立讀書系統，別糊里糊塗地開始讀一堆書、看一堆文章或寫一堆筆記。把五十分鐘讀書法加入你既有的讀書策略，可以事半功倍。

RULE 23

妥善安排空閒時間

在成功的大學生眼裡，空閒時間同時是祝福也是詛咒。一方面，你大部分的歡樂回憶都會是和朋友玩樂、聊天、打電動，還有在卡通頻道看莫名其妙的日本兒童節目（我沒騙人）。另一方面，娛樂可能會誘使你喪失太多工作時間。即使你知道還有一堆事情等著你去做，說服自己放鬆休息還是容易到一種很可怕的地步。你還可能遇到更嚴重的問題，就是每次想放鬆就被罪惡感淹沒，滿腦子想著現在應該做正事。你應該不想為這兩種問題困擾吧？

好消息是，你可以用罕為人知、卻非常簡單的方法避免這些問題，確保你得到最完美的休息與娛樂：**妥善安排你的空閒時間**。大部分的人認為所謂「空閒時間」就是沒有明確在工作的時間，你只需要翻轉這種概念，**把「工作時間」定**

義為沒有明確在休息的時間。

每天早上在計畫日程表時，你要做到兩件事：第一，選定這一天的結束時間。舉個例子，你可能會把晚上十點鐘設定成結束工作的時間，那麼十點到睡前都是你的休閒時間。第二，預先排定好你這一天的休息時間。例如午餐過後看半個小時的電視，下午花兩個小時去健身房還有找朋友，晚餐那一兩個小時就讓自己放輕鬆，剩下就是你的工作時間。

你一整天下來的時間分配毫不含糊，該休息就休息，該工作就工作，不是預先排定好的休息時間，那就是你的工作時間。你不僅能排除即興休息，還能加強你的工作效率——快到可以休息的時間，大家會願意多努力一些。

翻轉你對空閒時間的觀念，除了增加工作時間以外，你還能獲得優質的休息時間，不用怕自己太頹廢或誤了正事。一開始你可能會覺得安排休息時間很可怕，但你不應該害怕，因為你實際上並沒有增加——或減少——一天的休息時間，只是特別將它劃分出來，享受最完整的休閒娛樂而已。事先安排休閒時間是雙贏的做法，也是提升工作效率的無痛祕方。

RULE 24

打扮體面去上課

運動褲、有污漬的 T 恤、夾腳拖和鴨舌帽⋯⋯穿上這些東西並不叫「打扮」。如果你穿的是昨晚睡覺穿的衣服，或經常穿去運動的衣服，那也不算。

你每天早上都該花點時間刷牙、沖澡、梳頭，並穿上好看的衣服，再出門上課。你不必打扮成米蘭時尚圈的新星，但你也不該像個剛出獄的混混。

只是去上個課而已，有必要特別打扮嗎？我給你兩個理由。第一，你會感覺比較好。當你打扮得整潔體面時，可以幻想前面那排的帥氣男孩或可愛女孩偷瞄你，心情也會跟著好起來。當你心情愉悅，你會更有精神，上課也會更專心。

第二，你會感覺這一天正式開始了。如果你穿一身睡衣出門，就比較難抵禦滾回床上的誘惑。你花點時間打扮，就是告訴自己：你準備開始新的一天，全力衝刺。

RULE 25
布置你的房間

　　這條規則比較針對各位男士，因為不知為何，男大學生很少個人化自己的生活環境。我換個說法：跟男大生的寢室比起來，就連二戰時期的散兵坑都布置得比較溫馨。

　　在這裡我們先說清楚，以下物品不歸類為正當的裝飾品：任何與《動物屋》（*Animal House*）、吉米‧亨德里克斯（Jimi Hendrix）、巴布‧馬利（Bob Marley）或威爾‧法洛（Will Ferrell）有關的海報；任何刊登在《美信》（*Maxim*）雜誌、《史塔夫科技》（*Stuff*）雜誌或《運動畫刊》（*Sports Illustrated*）的照片；任何可能在上輩子出現在酒吧或酒品店牆上的物品。

**　　你的房間應該布置成舒適且健康地反映你個人性格的空**

間。這不表示你要買一堆華麗的家具、在牆上掛滿奇怪的裱框相片、用同一色系的床單地毯窗簾組，或（千萬不要）用聖誕燈泡裝飾房間。但你的房間不能只有空蕩蕩的牆壁，或一兩張毫無特色的海報。

為什麼非布置房間不可？因為這對你的心情與能量有著正面影響。每天在個人化且舒適的房間裡醒來、入睡、休息，能讓你活力充沛。上課、念書和寫報告會給你很多壓力，而有個舒適的環境供你休息，是解除疲勞的好方法。除此之外，大家都喜歡在舒服的地方從事休閒活動，當你花點心思設計房間擺設，會有更多人去你的寢室串門子，你的心情會變好，社交生活也會變豐富。

假如你的房間是燈光慘淡的白色監牢，你永遠無法完全放鬆身心，一整天累積的壓力也永遠無法散盡，長久下來你會精神疲勞，各方面的表現下降。生活環境真的很重要。

找到你真心喜歡的東西，將它融入你的私人空間。你是吉他手嗎？把吉他掛在牆上吧。你喜歡亞洲藝術嗎？買三個褪光畫框，印出好看的圖片放進去，然後在書桌上方掛一排漂亮的圖畫。你愛看電影嗎？選兩三部你覺得影響特別深遠的電影，去賣場買便宜的畫框，把電影海報框起來掛在牆上，

並在海報上方或下方打個小燈。

你可以順便找個替代日光燈的照明工具，兩盞品質好的立燈和一盞明亮的檯燈，能讓你的房間充滿溫暖的光芒。廉價地毯或瓷磚看久了實在很鬱悶，你可以鋪一塊地毯。買一件令你心情愉快的家具，像是破舊的沙發、二手扶手椅，或任何讓你舒舒服服看電視或看書的座位。

當然，你沒必要用瑪莎‧史都華（Martha Stewart）的品味瘋狂改造雙人寢室，但花點時間把房間布置得舒服一點，這些小東西真的能深深影響你。

RULE 26
提前兩週開始念書

　　我們在這裡假設你大考前需要大約十五小時的複習時間，聽起來是不是還可以？如果你在考試前一天早上九點起床，還是有不少時間準備考試。保守起見，我們來計算一下：我們通常一天花兩小時吃飯、三個小時上課、一個半小時休息、兩小時運動健身、一個半小時開會，還有兩個半小時寫其他作業。好，那再回到先前的假設，如果你從考試前一天的早上九點開始讀書，十五小時加上林林總總的事情，你大概什麼時候會讀完呢……考試當天的中午！這麼一想，是不是沒那麼輕鬆了？

　　如果我們把十五個小時的複習時間分散到兩天，只要這兩天都熬到凌晨五點半就行了！好吧，這個方案仍有待商榷。如果把工作量分散到三天，每天凌晨兩點半躺上床，聽

起來合理多了⋯⋯嗯，你真的這麼想嗎？

從剛剛的例子你應該可以看出來，雖然十五小時乍看下負擔沒那麼重，一旦試著將這些念書時間塞進已經夠忙碌的時間表，你就會發現不犧牲睡眠與理智的話，實際上你必須用更多天準備考試。那你想想看，如果今天要準備的考試不只一科，是兩科呢？如果同時還要寫報告呢？你可能會忙得焦頭爛額還沒時間吃飯睡覺。

之所以進行令人鬱悶的計算，是為了強調準備大考的現實：**你必須提前開始準備考試**。你可用的時間比你想像中少，倘若把一大堆考前複習拖到最後一刻，你必定得犧牲某些事物。

為了避免不必要的痛苦，你可以每次大考都提前兩週念書。等一下，在你指控我發瘋之前，我必須澄清一件事：我沒有要你在考前十四天開始閉關苦讀（這本書是教你如何成為大學勝利組，不是成為世界上最宅的笨蛋）。我的意思是，我建議你再也不要閉關苦讀了，把那十五小時的讀書時間切割成一兩小時的小塊，你就不用在考前最後一天讀到頭痛欲裂，也能順利成為考試贏家了。當然，這個方法的前提是，把一到兩小時的念書時間分配到較長的一段時期，所以才要

你提前兩週開始。

第一週每天讀一個鐘頭就行了，設計讀書系統時，安排很多小塊小塊的複習時間，讓自己熟悉考試的範圍與內容。週末多念兩小時的書，這樣考前七天你已經完成十小時的複習。剩下來的部分一次也不用讀超過一兩個小時。考前最後一週，維持每天讀一個小時的頻率，緩慢但穩定地運用你建立的讀書系統。到考前最後兩天，把讀書時數增加到一天三小時，將已經很熟悉的內容深深印在腦海裡，這樣在考試當天你一定所向披靡，順利擊敗考試！更棒的是，你在準備期間不用熬夜，不用閉關，也不會因為灌太多咖啡因，產生藝術史課本想毒害你的幻覺。

你一開始可能會覺得提前兩週準備考試太瘋狂，一旦你發現這麼做並不是增加工作量，而是將工作分散到兩個星期，你就會明白這是考前最無壓力且最有效率的念書方法。要是怕自己沒有提早準備的意志力，我在此提出挑戰，你只要嘗試一次，一次就好。學期剛開始，你還沒被其他工作淹沒的時候，用這種方法準備考試看看。等你嘗到毫不費力地擊倒考試的滋味後，我保證你會棄暗投明。

RULE 27

課堂外也要寫作

你作為大學生最重要的技能，就是寫作能力。你作為大學生第二重要的技能，也是寫作能力。你作為大學生第三重要的技能——沒錯，你猜對了——還是寫作能力。很重要所以寫三次。

我想表達的重點你應該明白了：**對大學生來說，寫作能力非常、非常重要。唯有當你能清晰且令人信服地表達你的思想時，你才有辦法在學業上成功。**所以，想當大學勝利組，你就得培養優秀的寫作能力，「非常」優秀的寫作能力。

用籃球來比喻的話，寫作和大學生的關係，等同投籃和籃球員的關係。想當傑出的籃球員，就得在練習結束後留下來繼續投籃；想當傑出的大學生，你就得在完成功課後繼續

寫作。

你可以加入校園刊物的團隊，例如校園日報、寫作雜誌、科學期刊、政治新聞或幽默小報，你選哪一種刊物並不重要，重點是你必須經常寫文章，而且要寫優質文章。你也可以把自己寫的評論文章投到校刊、幫忙撰寫社團的企畫書，或自己寫條理分明的書信，寄給當地政治家或報社。如果你很有創意，可以寫短篇故事、劇本，或幫校刊的藝術版寫幾篇評語。不必拘泥於某種形式，只要有在寫作就行，把你腦袋裡的文字轉換到紙上，做越多次，你就越能掌握這個關鍵技能。

用賴瑞・柏德（Larry Bird）練球的態度練習寫作——這位籃球員無論開心或難過、有精神或疲憊不堪，每天一定會投幾百次籃——這也是你應有的態度。強迫自己盡量寫作，這是大學勝利組必備的無上技能，請務必掌握它。

RULE 28
一天獨自用餐兩次

在大學，「吃飯」根本就是組織性的黑洞，動不動就吸走你大量的空閒時間。等到你揪了一群朋友，在餐廳找到位子、吃完飯、聊完天、終於離開朋友，重新找回工作的專注力時，簡單的一頓飯已經成為費時良久的大活動。別會錯意了，**花一點時間和朋友吃飯談天很棒，但一天別超過一次。**

在自己房間吃早餐，或者出門上課的路上順便買一份早餐。一大早本來就很痛苦，所以你也沒錯過太多和朋友交流的機會。如果你知道今天晚上會很忙，就找朋友一起吃午餐，晚點買外食帶回寢室吃，不要打亂你的工作進度。如果你下午會很忙，反而是晚上比較有空，就約朋友一起吃晚餐，午餐則自己邊看報紙邊在學生食堂解決，吃完繼續忙你的。

對成功的大學生來說，經常性花大把大把的時間用餐，會打亂你的日程表。這條規則很簡單，但只要照做，你就能找到效率與社交的平衡點。

RULE 29
找到你的世外桃源

　　大學或許是你人生最精采的四年，但也會是人生中壓力最大的時期之一。仔細想想就知道了，你被丟到一個沒有個人空間的環境，和陌生人同住，腦袋時時刻刻都在接受新挑戰，你必須從零開始打造你的社交形象，而且這是你生平第一次沒有人直接教導你如何生活。這還只是第一週！再來還有期中考、期末考的壓力、同學之間的競爭、你和同學的人際關係，有人甚至認為讀大學的壓力非常類似上戰場的壓力──如果戰場上的服裝由 J. Crew 公司提供的話。

　　儘管如此，先別緊張，想在這部情感雲霄飛車上生存，關鍵是享受快樂時光（放心，會有很多的），然後避開低落的心情（既然你在看這本書，想必不會太常碰到這種時候）。在大學時期維持內心平衡與快樂的技巧，就是找到屬於你的

世外桃源。

你的避世聖地可以是一個實際存在的地方，或是一種活動，而且最好與你的大學生活相差十萬八千里。**你必須前往一個與學生生活絕緣的所在，讓自己放鬆身心，重新找回自我。**學生會不算，宿舍交誼廳的電視不算，朋友在同一棟宿舍的寢室也不算。這種時候，「走為上策」。你可以去書店挑出一疊書，邊喝美味的咖啡邊閱讀；你也可以開車到郊區兜風，或去校園外的公園慢跑。

記得每週為自己安排一段時間去你的世外桃源，而且不能帶別人一起去。把這件事當作吃藥，認真療癒自己的心靈。

只有當你讓大學吞噬你的人生時，才會被壓力壓垮。如果你定期遠離室友、考試、報告遲交與派對的世界，就能控制大學生活帶給你的壓力。經常去你的世外桃源享受優質休閒，你會發現大學時期高潮迭起的情緒你都能輕易掌握。

RULE 30
早早修習困難的課程

剛上大學時，有一條簡單的選課規則：**你修的課程當中，課名包含「導論」或「概論」的不可以超過一半**（而「輕鬆學」與「賺大錢」一次都不應該出現）。

修導論性質的課程能幫助你大致認識你不熟悉的領域，尤其是藝術史或政治學這種課程，因為在深入研究個別的主題之前，你必須了解最基本的觀念。然而，導論課最大的問題是，它們一般和本科的其他課程大相逕庭。

如果你對某一個系所感興趣，它未來可能會成為你的主修，就應該盡快修那個系難度較高的課程，這樣你才能充分認識這個系，之後在選擇主修時可以做出正確判斷，同時還能減輕未來的修課負擔。﹡此外，提早修困難的課，會幫助

你培養關鍵技能，這對胸懷大志的學生而言是再重要不過的優勢。

別擔心高等課程自己會跟不上，你要找的是有足夠的挑戰性，但不必事先記憶太多知識的課程。注意課程的先修條件，假如這門課沒有規定的先修課程，或是只有「建議」的先修課目，那麼即使你是大一新生應該也可以修。倘若你對課程難度仍抱有疑慮，可以直接寫信給教授，簡短介紹自己的背景之後，告訴教授你對這門課很感興趣，問他是否認為你能承受這門課的負擔。

適量的導論課程對你有好處，但修習過量時，你作為學生將無法成長，再怎麼有趣的科目也會變得無聊。大膽去挑戰較難的課吧！你越早接觸嚴肅的大學課程，得到的收穫就越多。有一位成功的學生表示：「何必浪費時間和金錢在初階課程上面呢？你有能力在高階課程發光發熱，就放膽去做吧。」

＊譯註：美國大部分的大學不強制或無法在入學時選系。

RULE 31
不要在房間裡念書

　　如果有「最不適合讀書的場所」排行榜的話，你的寢室應該會排在紐澤西高速公路和重金屬樂團「金屬製品」（Metallica）的演唱會之間。

　　在自己房間念書只有一個優點：方便。壞消息是，這項優點不算什麼，因為讀書本來就不是方便的事情，你應該以效率為重。而最能增進效率的讀書場所，應該是能刺激你動腦思考的環境，不會令你分心或誘惑你轉移注意力的環境。或者，簡而言之，**要念書就去圖書館！**

　　在拿到好成績的十誡之中，第一到第五條是「不可在你的房間念書」，它就是這麼重要。你稍微想一想就知道了：你房間很擠，時常有人來來去去，從電視到食物到電動到即

時通，樣樣能使你分心的事物都觸手可及，整棟宿舍吵得要命，旁邊都是你的朋友。想有效率讀書，你就得逃出這樣的環境。

每天安排一段夠長的時間去圖書館念書，在那裡完成你最繁重的作業。由於走到圖書館和找到好的位子不是很方便，你也比較不會心念一轉就離開座位。由於圖書館很安靜且沒什麼讓你分心的事物，你會更有辦法專心，不僅讀書速度變快，品質也會提升。由於你在圖書館被一架架嚴肅的學術書籍與用功讀書的同學包圍，你會更容易進入精神極佳、思維飛速運轉的狀態。

圖書館的設計，是為了給你最有效率的學術環境。成功的學生知道，完成作業並不夠，你還得充分利用每一次機會讓自己最有效率地讀書。況且，你盡早完成作業，就有更多無壓力的時間在宿舍享受歡樂、混亂的愉快生活。該讀書的時候，就去最適合讀書的地方用功。

RULE 32
不要和一群人念書

既然要剝奪讀書的所有樂趣，我就順便補刺你一刀：**不要和一群人一起念書。**

多人讀書會乍看下有百利無一害：你可以社交，你會在同儕壓力下用功學習，你要自己讀的分量減少了，而且還有其他人能幫你理解困難的篇章。可惜讀書會還有一個大缺點：它沒有用！

該怎麼讀懂困難的資料呢？最好的方式就是自己專心閱讀，讀過一次又一次又一次，直到難懂的觀念烙印在你的腦中。你無法用任何方式取代這種學習模式，再怎麼無聊，你也得坐在圖書館一個安靜的位子，詳盡吸收資料的內容。

讀書會的成員輕描淡寫地解說這章節的主題，和你自己研究的效果相差甚遠。事實上，從同學那裡「學會」一個觀念，就像速讀一本書一樣，你可能會大概知道這本書在講什麼，但你不會記得、也不會了解書中的細節。花時間自己研讀資料，直到你完全讀懂，會比聽別人簡扼地說明有效。說到效率，我應該不用提醒你參加讀書會，你會把多少時間獻祭給八卦之神吧？

我沒有叫你把自己關在密室裡念書，恰恰相反，當你想測試你對某個觀念的理解程度，或是對某一道題目百思不得其解時，和別人互動就非常有幫助。重點是，找人幫你解決一個特定問題，問題解決之後，就回到個人工作的狀態。別組織讀書會，你可以約幾個同學一起去圖書館讀書，這樣你若有困難就能針對問題尋求幫助。

這是頂尖大學生征服難懂觀念的辦法。讀書會這種東西就留給小學生和法學研究所的學生吧。大學生獨自專心念書才最有效率。

RULE 33
加入榮譽學生計畫

　　這條規則比較複雜，因為每所學校「榮譽學生計畫」的定義都不一樣。在一些學校，你必須在入學前就申請加入「榮譽學生計畫」，大學四年只和其他榮譽學生同住，和他們一起修榮譽課程。在一些學校，「榮譽學程」是一系列特殊課程，你除了一般的課程之外，要加修榮譽學程的課。在其他學校，「榮譽學生」不過是成績好，在大四修特殊專題討論課的學生所得的獎項。**無論你的學校如何定義榮譽學生計畫，只要有機會，就成為榮譽學生吧！**

　　這些課程或計畫是你學校的升級版，班上的人數比較少，教授比較認真，同學之間更能激發彼此的靈感。我說得直白一點，比起一般的大學課程，榮譽學生計畫提供更好的教育，你會更常接受挑戰、學習更多新知，並發掘作為學生

的更多潛力。此外，畢業證書多了「榮譽學生」四個字，未來為你開啟的大門又多了好幾扇。

何不好好利用這樣的好機會呢？榮譽學生計畫最大的缺點，就是學生容易被嚇跑。「我覺得我不夠聰明」是學生退縮時常用的藉口，但這根本是一派胡言。榮譽計畫的課程也許沒那麼輕鬆，但是課堂環境好，教授教得更認真，同學也各個才華洋溢，就算功課多一點，也不見得更難完成。而且就算你的讀書時間比朋友長一點，那又怎樣？

既然花大把大把的學費上大學，不如最佳化利用你投注的金錢，能加入榮譽學生計畫就加進去，別找藉口了。

RULE 34
每天做功課

大學生和職業高爾夫球選手很像,有在看高爾夫球賽的球迷一定會告訴你,連贏的氣勢在高爾夫球界有多麼重要。一名選手再怎麼厲害,也會有運氣好與運氣差的時候。狀態好的時候,每一次揮桿都能稱心如意;如果不巧狀態差,就會感覺每一球都和自己有仇。

這樣說你可能會很驚訝,不過大學也是如此。有時候你會連續好幾天精神極度集中,所有事情都能有效率且完美地完成,你可以超前進度,掌握所有的責任與義務,對自己信心十足。但你難免會遇到狀態不佳的時期,連著好幾天不想看書,整個人沒精神、無聊又毫無靈感。

大學生成功的其中一個關鍵,就是避免陷入低潮。幸好

大學和高爾夫球不同，達成這個目標其實很簡單，重點是**一致性**。學生會進入低潮是因為長時間不工作，很難收心回到穩定產出的節奏。為避免這種情況，你每天都該做一些功課。

我沒有叫你捨棄週末的娛樂活動，變成整天守在課本前的書呆子。其實你完成的工作量不重要，重點是**維持每天工作的好習慣，讓自己停留在高效率的狀態**。星期五下課後立即讀書或寫作業，一個小時後你就會有成就感。星期六晚上不用關在房間裡，但試著在下午完成一兩項作業，反正其他人在這時候也是半睡半醒。星期天是工作日，你越早習慣就越不會難過，而且週末一事無成對你沒什麼好處。

完成作業後，你會覺得自己充滿活力；每天都完成一些作業，你就每天活力充沛。拒絕長時間遠離課業，等同拒絕讓自己陷入不工作的低潮時期，也就不會有調適狀態的問題。固定每天做一些功課，你可以充分運用生產與強化的循環，確保自己成為學業上的頂尖選手。

RULE 35
參加客座講座

你在大學有不少機會遇到有趣的人，著名學者、政治家、政策制定者與作家經常會出現在大學校園。這些人造訪大學就會花點時間演講，**你應該每個月參加至少兩場客座講座。**

你也許認為這些人演講會很無聊，有些確實如此（例如「賓夕法尼亞州落葉林楊樹樹苗逐漸縮小的半徑」），但很多客座講座不僅不無聊，還能啟發臺下的聽眾。假如你主修藝術史，花點時間去聽走在研究尖端的歷史學家演講，你會獲得在自己領域有所成就的動力。如果你對政治有興趣，去聽政治候選人或政策制定者演說，走出講堂時你會充滿在政治界開創新天地的抱負。若你希望成為作家，去聽成名作家分享他邁向成功的經歷，你就會滿腔熱血地衝回房間打開文字處理軟體。

這就是為什麼我鼓勵你花時間定期參加客座講座，這麼做不是為了學習更多新知或在教授面前表現（教授確實會對你刮目相看），或克服失眠的問題。聽這些來賓演講，是為了點燃你的熱血，提醒自己這一切努力都是為了某個目標。你聽這些演講，是為了讓自己對一個主題和對你的前程激動不已，以致晚上睡不著覺。

　　每個月選擇你感興趣的主題，在講座上找到靈感與動力，是幫助你自己成功的祕招。請定期參加客座講座，為你的才智之火添加燃料。

RULE 36
一週運動五天

　　運動對學生的效用簡直堪比魔法，一次高強度訓練能大幅增進你生理上的體力與心理上的動力，效果比咖啡因強多了。而且當你帶著健康的身體與好身材走出健身房時，你的自信當然也會提升。

　　但是問題來了，叫一個大學生經常性運動的困難度，和把一件「I Love New York」T恤賣給波士頓紅襪隊球迷不相上下——換言之，難如登天。儘管如此，你還是不能放棄。

　　那有什麼解決方法呢？別再試圖說服自己了。**別讓「運動」變成有爭論空間的議題。**把運動當成上課或刷牙這樣的生活習慣，每週一、週三、週五上健身房，每次在相同的時間開始，維持相同的運動時間。

如果你是為了身體健康去運動（而不是為了練出和葡萄柚一樣大的二頭肌），你應該建立快節奏的規律，用僅僅一個小時前往健身房、運動並回到宿舍。快節奏的規律比較不占時間，因此較容易固定排入日程表。

　　可以的話，把運動時間安排在中午過後或一大早，你才不會因繁雜的事務分心。別給自己任何退讓的空間。假如你週一、週三、週五上健身房，就在週二和週四保留做有氧運動的時間，如果週六和週日有時間跟精力，也稍微追加輕度運動。當然，週末你也可以讓身體休息，只要平日每天運動就行。

　　每天在同樣的時間快節奏運動，就不必在每次認為該運動時和自己爭論老半天。省下這股毅力，留到更重要的時機，例如在該念書時拔掉電視插頭，離美食頻道連播一整天的《鐵人料理》（Iron Chef）節目遠遠的。經常活動身體，你就是走在勝利的道路上。

RULE 37
保持連繫

大學充滿刺激的事物，大學很忙碌，但最要命的是，大學很可能會把你吸入與世隔絕的環境，使你遠離你踏入布滿常春藤的校園以前，生命中重要的人事物。我說得這麼複雜，其實想表達的道理很簡單：**和老家的朋友保持連繫。**

和生命中重要的人們失聯非常容易。大學會在社交、心理與物理方面占據你的全部，如果你不刻意和故鄉的老朋友保持連繫，友情很快就會淡化。

維持舊友的情誼為什麼如此重要呢？因為你的老朋友比大學認識的新朋友更了解你，當你走在坎坷的路途上，打通電話給老朋友，你就會精神一振。這些朋友讓你永遠不孤單，你在大學也不會迷失自我。最重要的是，如果你和朋友失聯，

假期回家時你就整天閒閒沒事做了。

想成功和一個人保持連繫，你一個月至少得跟這個人說一次話，而且——這點很重要——即時通訊不算數，把網路上看到的蠢動畫傳給朋友也不算。你必須拿起電話，和這個朋友語音交流。

一個月和四五個最親近的朋友聊天，不會花費你太多時間，但你能因此大幅強化你們的友誼。在失去這些老朋友之前，你不會知道這些人對你有多麼重要，請好好珍惜他們，保持連繫。

RULE 38

多修一門主修或輔修

「多修一門主修或輔修？你在開什麼玩笑！我哪來的時間啊！」聽到這條少見的規則，很多人會這麼說。

多修一門主修或輔修的益處顯而易見，在大學四年中，你會更懂得專注，而且等你大學畢業後，你就是深入了解兩種領域的強者。最重要的是，在找工作、申請研究所或申請獎學金時，這樣的成就令人驚豔。

很多人可能會以為雙主修或輔系會吃掉大量時間，但好消息是，他們錯了。多修習一個領域，不代表你必須修更多課。假設你主修某一系，一學期可能會修五門課：兩門必修，再加上三門選修。如果你多一科輔系，其實一學期會修的課程不會增加，你只是把選修換成輔系的課而已，沒什麼大不

了的！你隨機選擇的選修，和雙主修或輔修指定的課程其實差不多，兩者都是大學的課程，學分都一樣，兩者都吸引你，而且工作量也不會相差太遠。**重點是，多修一門主修或輔修不是大難題，反而是每學期幫助你專注於某一領域的推力。**專注是好事，這樣你就是對自己和全世界宣布，你是有正經興趣的正經學生。

零負擔修習第二領域的關鍵是做好準備，並且提早做準備。一旦決定第二個主修或輔修的學系，就花一個晚上研究它的必修學分，事先安排你接下來的選課表，接著每學期照著預先排好的課表選課，就這麼簡單。

那如果你已經是高年級生，是不是就沒救了？其實很多學生修課時，差一點點就完成雙主修或輔修的畢業門檻。仔細研究你的歷年修課表，主修科目之外，你有沒有在哪一個領域修了不少課？大多數的學生會回答：有。一個英文系學生可能會為了出國交換，修一堆法文系課程；一個資工系學生可能過去兩年修了幾門藝術史課程；一個工學院的學生可能對心理學專題討論特別感興趣。

找到歷年修課表上類似的課目群，查詢這一科雙主修或輔修的學分規定，你可能會意外發現自己距離畢業門檻不

遠。在大三或大四上學期，你可能會發現，自己只要再多修兩三門課，就能在畢業前多一門輔修，這樣的情況並不罕見。

既然要修的課都一樣多，那何不盡量拿到不同領域的學位呢？要你放棄所謂「營養學分」，你也許會覺得很煎熬，但大學勝利組就是會在大學期間盡量拿出亮眼的成就。所以，多修一門主修或輔修吧，在大學時期達成卓越的成就！

RULE 39

經常找導師談話

大一新生很可能有指導教授或導師，當你須要打造一條適合你的興趣與才華、專屬於你的學業道路時，這位老師能給你衷心的建議。理論上，導師和學生的關係聽起來很棒，但一般會變成這樣的情況：一、開學第一週你和導師見面，你把你排的課表拿給導師看，導師表示贊同；二、兩年過去了，你們毫無交集；三、你在走廊上遇到導師不知道該不該打招呼，最後只能像害羞的小妹妹一樣笑笑，像脖子痙攣似的尷尬點頭。

想避免這種尷尬的情況，就早早讓導師成為你的盟友。還記得第 8 條法則「結識教授」嗎？之前說過，和教授打好關係百利無一害，導師也一樣。和導師往來的關鍵，就是給他們指導你的機會。

第一次約談導師之前就列一些問題，無論是選擇主修、通識課程、最值得修習的課程，或掌握課業的策略等問題，都盡量請導師分享他教書多年的經驗。學期開始後，還有問題也可以寄信問導師。每學期初請特別約導師談話，確保你這學期過得順利。

　　和導師相處的祕訣是，你作為學生必須積極、主動，導師才有機會充分發揮他的作用。把導師當成學校送你的免費學業盟友，只要稍微努力一點，你不必像結交不認識的教授那麼費勁，也能在大一上學期結束前建立良好的導生情誼。

　　導師是提供智慧、靈感與建議的重要資源，讓你的導師幫助你，你們就能建立可貴的連結。這份師生情誼該捨棄或接納，全由你決定，別白白錯過和導師成為良師益友的機會。

RULE 40

不要找正常的工作

你們這群懶惰蟲別急著高興,先聽我把這條規則解釋清楚。大學時期打工沒有問題,很多學生都需要工讀或助學金的收入,而且不少人認為打工時負擔的責任,能讓他們的生活更有組織。然而關鍵是,你找什麼樣的工作。

別在附近的零售店打工,別在當地的餐廳當服務生,別去當油漆工或搬運工,別去校內餐廳打工,別去辦公室整理文書——這些工作會令你分心、占用你的時間,還會榨乾你的力氣。

試著在校內找一份有戰略優勢的工作。你可以在你感興趣的研究團隊上應徵給薪的職位,雖然有錢拿的研究助理還是整天在洗燒杯或影印資料,但你卻是浸在學術圈裡。在實

驗室，你的老闆是教授，你會有很多機會充分了解他們的研究計畫。從助理躍升到專業研究團隊中更重要的職位，會比你在那邊和其他學生做一樣的事情容易多了，而且你還能和系上師資打好關係。這種工作不僅提供金錢，還能幫助你在成為大學勝利組的競賽中贏在起跑點。

除了研究助理之外，你可以去應徵校內的涼缺，也就是讓你坐在安靜的地方，實際要做的事很少的工作。這樣的職缺可能是圖書館資訊櫃員，或是在校內其他設施當櫃員，以及音樂教室工讀生（負責把練習室鑰匙借給人用），或是在偏遠校內組織當櫃員。這種工作之所以好，是因為它們就像強制的自習時間。如果你不得不坐在無人問津的櫃檯後方，一坐就是兩三個小時，你要嘛拿書出來念，要嘛無聊到死。這類工作能幫助你穩定完成作業，也是不錯的念書時間。

至於如何在校內找到涼缺，祕訣是提早詢問學校是否需要工讀生，而且是提早非常多。在開學前至少一個月，就開始連絡負責徵工讀生的人員。當櫃員不是什麼特別耗費腦力的差事，所以比起其他特長，提早應徵才是被錄用的關鍵。領薪水的研究助理就比較難應徵了，但只要提早連絡系所並表現出你的熱忱，你被錄用的機率就大很多了。這時候，你的導師或其他教授朋友或許能幫你說媒。

在工讀這方面，你要是沒有高人一等的才能，不管從事什麼工作就只能一小時領七美元。既然每一種工作的薪水都差不多，不如找一份最能幫助你學業進步的工作。你讀大學不是為了累積工作經驗，而是要成為有成就的學生。當你朝你的目標邁進時，別讓工作阻擋你，讓它成為你的助力。

RULE 41
一份報告用三天寫完

在大學，教授只會出兩種報告：長的，和短的。

長篇報告通常是小論文，你得花不少時間查資料、想出自己的論點，並掌握複雜的新觀念。這種報告很難，我只能說抱歉啦！（想知道如何降低長篇報告的難度，請見第 4 條法則「分配到長期作業的當天就動工」。）

幸好大學生會遇到的大部分都是短篇報告，這些有的真的非常短（二到四頁），有的不是很短（五到十頁），還有的根本是邪惡大魔王（十一到二十頁）。無論實際頁數有幾頁，短篇報告的共同點就是：你一般只有一兩週的時間寫報告，題目通常和課堂上所學或指定閱讀的內容相關，而不是要你自己做研究。在一般的文科課程，這類型的報告是基礎

中的基礎，你必須盡早掌握訣竅。

你可以以這條規則為準：**用三天寫完短篇報告**。我不是叫你從頭到尾只花這三天，而是說實際撰寫的時間只花三天。在你碰鍵盤以前，你得完成所有的前置作業，複習之前的指定閱讀和筆記，把你要寫的東西想清楚。製作一份大綱，把你的論點清楚寫下來，把你等等要引用的文獻備在手邊。這是最簡單的步驟，準備報告用的資料比實際寫作輕鬆多了。而且短篇報告的內容通常不離課堂與閱讀內容，所以準備工作理論上一兩天就能完成。

一旦整理好你的想法與資料，就到三天寫完報告的時候了。沒錯，就是三天。第一天總是最困難，可以的話，盡量選週末或比較不忙的平日開工。在開始寫報告的第一天，試著按照你設計的大綱完成整份報告的草稿，把你所有的點子都寫下來。這會花不少時間，因為你必須一次消化並整理各種想法，而且初稿會非常長，可能會超出教授預設的長度上限。別擔心，你之後就會把篇幅修剪下來，用字遣詞也先別管它，這些都是你接下來要修改的部分，第一天先把所有的重點寫下來。

第二天理應比第一天輕鬆許多。回去整理你冗長的初

稿，修改用詞，刪除不必要的論證，必要時加入幾段話支持你的論點。第二天的目標是修剪文章，把你的報告改得簡明扼要、一針見血，沒有任何一句多餘的話。文法錯誤和句法結構先放著不管，你在第二天專心處理論證就行。

最後我們來到第三天，也是最輕鬆的一天。重新讀過你的報告，看到還不是很完美的論證就稍微修一下，確保你引用的文獻確實能支持你的論點，並清晰提點文獻的要點。檢查文句是否暢通，邏輯是否嚴謹，然後挑出任何文法錯誤。回去修改你的前言和結論，確保整篇報告各方面前後一致、首尾呼應。把報告印出來用鉛筆校潤，這個步驟至少做兩次，因為看螢幕的時候容易漏看錯字。最後，回去檢查文獻的引用格式正確無誤，必要時加上封面頁，檢查頁邊空白的大小，然後處理教授對格式的要求。

學生經常將這三天的寫作過程濃縮成一天，但這樣的做法糟糕透頂。這是需要長時間專心工作的作業，全部集中到一天你會非常痛苦，寫出來的報告也會很平庸。完成報告初稿後，睡過一覺再來修改，而且要分兩次修改，最後完成一份論證明確且精練的報告，輕鬆拿 A。你會發現，這樣的做法不見得比傳統做法費時（一天花十二小時寫完整份報告，和第一天六小時、第二天四小時、第三天兩小時總時數相

同），成品卻判若雲泥。

不過這條三天寫完一份報告的規則，有一個例外。當你要寫那種大魔王報告（超過十五頁）時，三天時間可能不夠，但把事情分成三塊完成的道理不變，把這三塊工作時間拉長就好了。打個比方，如果是非常長的報告，你可以把寫初稿的時間延長到三天，處理論證的部分拉長到兩天，重點是永遠將寫報告的工作分成明確的三部分。

成功的學生不會比同學花更多時間工作，他們只是更聰明地運用時間。下次遇到短篇報告就用三天來寫，你的腦袋、你的身體還有你的教授都會感謝你。

RULE 42
不要睡太少，也別睡太飽

　　如果每次你爸媽提醒你一天要睡八小時，你就拿到一塊錢的話，我一定找你借錢。在父母的世界裡，孩子一天睡八小時才會健康，這是眾所周知的道理，父母每次都會對我們重述這件事，他們樂此不疲。

　　我不知道他們說的是真是假，實際上它的真實性也不重要，重點是，你要找到一整天精力充沛的最佳睡眠時數，只屬於**你**的睡眠時間。

　　有些人可能睡八個小時剛剛好，像我可能一天七小時就夠了，還有一些幸運兒就算只睡四五個小時也能正常工作。想成為大學勝利組，你每天都必須專注、有精神，所以，趕快找到你需要的睡眠時數，才不必整個下午被舒服的床鋪吸

引。除了充足的睡眠之外，維持飲食健康，你就有充分的精力高效率工作。

重點來了：**找到你的完美睡眠時數後，保持每天一致。**你不僅該避免睡眠不足，還得避免睡太飽。早上賴床太浪費時間，而且要是你無視鬧鐘，打亂生理時鐘，可能會比睡不飽還疲累。我知道大學生聽了會苦不堪言，但你必須遵守一條規則：「可以」睡更久，不代表你「應該」睡更久。

不管大家怎麼說，你作為學生的首要任務不該是最大限度補充睡眠，睡眠不過是幫助你工作的工具罷了。把你的身體當成精密機械——給它足夠最高效率運作的能量，不要太多，也不要太少。別再按貪睡鍵了，得到你一天所需的休息之後就起床吧。

RULE 43
考前放輕鬆

是非題：考前最後一小時，你應該焦急地複習筆記，在校園裡四處奔走，找同學再次確認你對難懂觀念的理解無誤，同時努力讀過一疊指定閱讀書目的結論，試卷發下來的最後一刻才癱倒在座位上。答案再簡單不過，當然是「錯」。

考前最後一小時比你想像中關鍵，一般大學考題測試的主要是兩件事：你理解複雜觀念的能力，以及你在壓力下回憶並寫出這些資料的能力。

你不僅要充分了解課程內容，還得在極短的問答題中有條不紊地說明這些內容，因此，在你花時間讀懂課本之後，你也必須花時間放鬆心神，允許自己在壓力下拿出最佳表現。有些學生認為應該不停念書，直到考試開始的那一刻，

以維持「思維動能」。這樣的方法不可靠，你的身體會釋放過多腎上腺素，使得你坐立難安、無法專心。你的頭腦應該處於信心十足且冷靜的狀態，這才是最佳狀態。所以，你應該做的是，**考前花一個小時讓自己放輕鬆。**

想像你是訓練中的奧運選手，準備參加一英里賽跑。在賽前數週你會刻苦鍛鍊，但是在比賽當天你必須休息，保留體力在發令槍聲響時全力以赴。你前幾天讀書就等於訓練，而考前一小時則是賽前休息時間。

你可以看一本和學術無關的書、聽一些讓你心情愉快的音樂、處理一些小雜事、和朋友聊天、做一些輕鬆且不相關的作業。你應該維持腦袋活躍又精力旺盛，但是別讓自己疲勞。休息過後，提早十五分鐘前往考場，在路上稍微複習你特別有把握的考試範圍，想像自己以這些內容為主題寫一篇非凡的作文，想像教授把你的作文印出來發給全班，當成模範解答。我不是要你恬不知恥地過分膨脹自尊，而是要你用這種方式建立自信，並且用可控制的好方法讓腦袋熱身。

當你來到考場，別匆匆忙忙地複習你不熟悉的觀念，試著保持內心空白，或繼續想像一些能增強信心的情境。終於拿到考卷時，深呼吸，然後開始作答。當你的筆碰到試卷時，

你內心會靈活又精力充沛，能專心對付考試。

　　大部分的學生會忽略考試對心理的挑戰，如果只複習考試範圍，卻不讓腦袋準備面對考試的壓力，你的準備工作只完成一半而已。花一點時間讓自己放鬆，考前再小心恢復精神，才是穩定考高分的訣竅。

RULE 44

最優先考慮朋友的事

在你誤解我的意思之前，也許我該闡明這條規則「不」包含的部分。最優先考慮朋友的事，不代表你要把「跟室友鍛鍊電玩技術」當作第一優先，不代表你要確保朋友永遠不會自己一個人看電視，也不代表你應該一天安排十幾場社交活動。

我想表達的是，**你永遠不該將友情視為理所當然**，這些朋友是你的社交安全網，當你心情低落、考試不順利、被心儀的對象拒絕，或是在圖書館的臺階狠狠摔跤，你的朋友會幫助你調適心情。當你感到無聊或孤單時，朋友會讓笑鬧與刺激與意外回到你的日常生活；當你感覺自己漫無目的地飄在浩瀚世界中，朋友會阻止你鑽牛角尖。在未來幾十年，你和朋友的共同回憶，會成為你人生最棒的故事之一。簡而言

之，**別因為忙碌而忽略友誼。**

在工作與朋友之間找到平衡並不難，關鍵是事先計畫，你可以經常──甚至每天──安排和幾個朋友吃頓飯（請見第 28 條法則「一天獨自用餐兩次」）。你可以事先傳訊息約他們，或是找室友、鄰居順道一起去學生餐廳。你也能每週固定某一天的某一餐和同樣的朋友一起吃飯，這是很棒的慣例，你不必花很多力氣揪團就能維繫友誼。但即使你們的用餐時間對不上，還是每天和朋友連繫比較好，忙的話傳個訊息打招呼，問問他們的近況，有空的話親自去找朋友聊聊。如果朋友邀請你做某件事，你剛好又不忙，就別懶惰了，應邀吧！當然，如果你忙得不可開交就別去了，但記得約朋友過幾天聚聚。最重要的是，假如你的朋友需要幫助，放下手邊的事情去幫助他。

優先考慮朋友的事，不是叫你犧牲其他的工作，而是要你將他們放在心上。在大學，朋友是你最珍貴的資源，所以記得培養感情，別讓其他事務或目標把你的朋友擠到角落。

RULE 45
不要狂飲

　　很多大學生會喝酒，但也有很多大學生認為脫光光趴趴走是優質娛樂活動——換言之，就算很多人這麼做，也不表示這件事有道理。

　　我不想在這裡討論大學生該不該喝酒，你要不要喝酒是你自己的選擇，必須在考量個人信念、健康與信仰之後做決定，但你不能不知道酒精對你表現的影響。

　　星期五或星期六晚上出去喝幾杯，可能會讓你隔天早上反應慢一點，但這是一夸脫星巴克飲料、幾粒止痛藥能解決的小問題。但是，假如你喝到爛醉如泥，喝到口齒不清、腳步踉蹌、頭暈噁心，明天早上就算喝了世界級拿鐵也不會有精神，一整天都會生產力低下。嚴重宿醉會害你無法完成你

必須完成的工作，更別提這對你身體的負面影響，你會全身乏力、更容易生病，整個人苦不堪言。

你可以同時當會喝酒的大學生和優秀的大學生，但如果你經常性狂飲，還想成績卓越，那也太天真了。請成熟思考，做出正確的決定，讓身心維持在最佳狀態。

RULE 46
別管你同學的成績

我們都有過這種經歷：你拿到教授發回來的考卷，發現自己考得不錯，然後看見隔壁同學的考卷就大剌剌地擺在桌上，彷彿邀請你偷看一般，你瞄了一眼 —— 同學考得比你好！

如果你某一科特別拿手，看到別人考得比你好，感覺就像肚子被狠狠踹了一腳，你不由得認為你同學比你聰明，心裡難過得要命。當你失去對某一門課的信心，你會在這一科失去所有的動力，看指定閱讀會分心、上課不再問問題，未來考試時自然也無法表現優異。但是你知道嗎？你沒理由被這種負能量拖垮。為什麼？因為**每一次考試或報告的成績，並不能直接拿來比較**。

我舉個例子，假設你考了八十四分，同學拿九十三分，你會直覺認為同學比你聰明，這一科讀得比你愜意、考得比你輕鬆。但你仔細想想看，同學的九十三分可不是無中生有，分數背後有非常多因素：說不定同學特別認真讀某一本書或章節，這次考試恰巧出了很多關於這些範圍的題目。也許同學上週異常不忙碌，因此花好幾個小時準備考試。或許他上次考試考砸了，這次才會全力一搏。可能只是他昨天睡得比較好。重點是，某一天的學業成績無論好壞，背後都有數不清的決定因素，這些因素和智力半點關係都沒有。

　　所以，別浪費時間難過（或自豪），別管你同學的成績。你照顧你自己的表現與進步，讓同學自己關心自己的成績。

RULE 47
結識傑出的人才

成就都是相對的，有些學生的目標不大，只要畢業後順利找到好工作，或上幾次院長嘉許名單就很開心了；有些學生以宏大的夢想為目標，他們想當參議員、創立大型公司，或錄取世界級研究所。

既然你想發光發熱，就應該遵循後者的人生道路，有野心地定義成功。你追尋的目標越大，你一路上達成的成就越令人嘆為觀止，你的人生也會變得豐富有趣。那麼，**你該如何提升自己對「成功」的定義？一個簡單的方法是結識傑出人才。**

什麼叫「傑出人才」？每一所學校都有這種人，像是那個得過羅德獎學金、國家科學基金會研究生研究獎學金，還

為微積分課本貢獻一個章節的數學系同學。或是那個安安靜靜的戲劇系學生，他已經成功製作兩齣舞臺劇、獲得各式各樣的創意獎項，現在正認真撰寫他的第一部小說。或是那個剛創立州內青少年輔導計畫，沒修課時忙著為全國性選舉候選人助選的學生會幹部。

找到這些人，去認識他們，請他們吃頓飯，想辦法讓他們視你為無話不談的好朋友。問出他們達成成就的祕訣、那是什麼感覺、他們接下來有什麼打算。

我的意思是，你應該讓自己接觸各種可能性。當你和傑出的人才相處好幾個月過後，會發生兩件事情：第一，你會獲得啟發，想到自己要去完成這些人履歷表上的種種事蹟，你就躍躍欲試。第二，打聽這些傑出學生邁向目標的細節，你會發現自己的興趣也能導向類似的成就。

和數學天才相處一陣子，你可能會發覺你也能駕馭自己的學術才能，和教授一起進行令人驚豔的研究計畫。和年輕劇作家吃一頓午餐，你可能會得到將腦中那齣戲劇寫下來的動力。和學生會幹部聊過天，你可能會受到啟發，在校內的某項推廣計畫接任領導職位。

花時間結識傑出人才，是擴展你野心最有效的方法之一，也是在生命中增添趣味與靈感的好方法。經常和這些卓越的人交流，養成習慣，不久後，你也會成為同學們眼中耀眼的存在，和身邊的人分享你的成功。

RULE 48
學習傾聽

　　大學時應該培養的能力之中，最重要的能力非**「傾聽」**莫屬。為什麼呢？這樣說很殘酷，但我必須告訴你，你身為大學生所提出的意見並不是非常重要。

　　我們都愛發表自己的意見、分享自己的信念，而初生之犢不畏虎的信心能使我們跳出來，和教授或其他同學爭辯。然而實際上，**你在大學四年培養自行思考與學習的能力，比發表意見重要太多了。**

　　我不是叫你永遠不說出自己的看法，在課堂上或和朋友聊天時，一些建設性的討論或辯論能讓你受益良多（注意，關鍵字是「建設性」，在那邊吵誰「比較廢」並不算）。這時候，當好聽眾的祕訣是，別當第一個提出意見的人。

假如你在跟一群人說話或和教授交談，剛好談到值得討論的話題，你直接跳出來提出你心目中再明顯不過的「正確答案」並沒有好處。你也許說得對，也許說錯了，但又有誰在乎？

　　這其實是個好機會，遇到這種時候，你應該趁機：一、提升其他人對你的評價；二、學習。

　　別急著口若懸河地說出自己的信念，先仔細聽聽其他人的看法，並提出建設性的問題。充分理解其他人的立場與見解，重複他們論述中的重點以確保自己完全聽懂了，這時候再說出你的想法，而且說話時記得保持沉著穩重。

　　我說得比較委婉，意思簡單來說就是，別毫不客氣地說：「歡迎來到錯誤答案村，村裡只有一個居民，那就是你！」你先闡明你和對方不同的看法，然後提出重要的問題：在評判雙方論點的優劣時，該考量哪些要素？

　　假設你們辯論的主題是槍枝管制，別只顧著爭論手槍的危險性，你可以從美國憲法第二修正案的解釋出發，討論不同的策略或歷史上質疑或爭論憲法的案例，想辦法與意見不

同的對方達成共識。

前面那種爭辯方式，會導向義憤填膺、怒氣沖沖的爭執；後者則會幫助你們雙方更了解議題。你不太可能說服對方改變想法，那何必浪費時間在爭執上，死也不退讓呢？

這種做法的優點是，除了在課堂上討論憲法時很有用，和朋友閒話家常時也派得上用場。如果你能學習傾聽，不僅能更清楚了解你關心的議題，還能獲得他人的尊敬。

好聽眾在大學並不常見，謹記這條規則，你就能成為少數受人尊敬且博學多聞的學生。

RULE 49

無論如何都不可以熬夜

你是不是認為熬夜是大學生活不可避免的一部分？有時候你真的太忙，得在考前或報告截止期限前十二小時讀完書或寫完作業，你不得不在凌晨時分咬牙死撐，趕在日出時完成工作。簡而言之，你認為就算是最優秀的學生，有時候也得熬夜工作。你要是這麼想，就大錯特錯！

熬夜主要有兩個問題：第一，過了凌晨兩點鐘，你的思維能力其實和烤麵包機差不了多少。你真覺得自己在三更半夜、睡眼迷濛的時刻，能讀懂你在複習的內容嗎？通常熬夜讀書會變成痛苦不堪地翻閱書本與筆記，只有在急上心頭時才偶爾集中精神。

你可能認為自己一路讀到天亮，就多了五個小時的時間

念書。但事實上，有意義的讀書時間可能只有一小時，剩下的四小時都在恍神。這樣真的值得你痛苦熬夜嗎？

第二個問題，是熬夜的後遺症。隔天你會像殭屍一樣，感覺自己是行屍走肉，你將無法專心考試、認真聽課、運動，或做任何有生產力的工作。近年關於休息與大腦功能的研究顯示，當你嚴重睡眠不足時，大腦活動基本上和一個睡眠中的人差不多。不用我說你也知道，如果你想在課業上表現卓越，這樣的狀態一點也不理想。而且你熬夜一個晚上，不僅隔天一整天無法工作，你也得提早非常多上床，接下來幾天的睡眠時間都打亂了。

既然這樣，為什麼熬夜的行為如此普遍？也許，關於這個「經典」的大學生讀書技巧，最大的謊言就是它無可避免。準備深夜苦讀的學生一般會說他們「別無選擇」，他們試著表現出堅忍、果敢的模樣，彷彿自己是勇敢面對戰爭的學術戰士。然而事實上，熬夜從不是什麼無可避免的苦差事，只有當你決定在最後一天才讀書時，你才會面臨熬夜的窘境。

該怎麼避免熬夜呢？答案很複雜，相信你連想都沒想過：**不要拖到最後一天才開始做事。**就這麼簡單。

當你知道考期或報告的繳交日期將至，就提前安排幾天的時間，讓自己有餘裕地準備，並在這幾天以完成工作為優先。倘若你在死線前只能完成一件事，就優先寫報告或準備考試，其他事項等這件事解決再說。刪除「熬夜」這個選項，永遠別把它當成完成工作的方法。

熬夜對成功的學生而言就像毒藥。只要你稍微安排時間，顧及事情的輕重緩急，就能完全避免熬夜。

RULE 50
笑口常開

人們說笑聲是最棒的良藥，對大學生來說更是如此。為什麼？因為大學生必須不斷面對一個問題：壓力。大學相關的壓力會對你的身體有負面影響，導致疲勞、代謝率降低、免疫系統功能減弱，並使人抑鬱不樂。你很難避免壓力，但舒緩負面症狀的方法並不難找，「笑口常開」就是這些藥方之一。

我們在這裡大致說明笑口常開的益處，不用把生理機制說得太細：一個人笑的時候，身體會釋放一種稱為「免疫球蛋白 A」的抗體，它能促使身體釋放腦內啡、對抗壓力造成的荷爾蒙，讓你感到快樂。

至於讓自己放鬆的心理意義，我就不用說了吧？笑容能

轉變你的心理狀態，讓你變得更正面。總而言之，笑容就像超強力維他命，你也該把它當良藥看待。

　　每天找到能讓自己笑的事物。例如和喜歡搞笑的朋友聊天、讀《洋蔥報》（*The Onion*）的惡搞文章，或每晚看《喬恩‧史都華每日秀》（*The Daily Show with Jon Stewart*）。你有沒有特別喜歡的作家，每次看他的文章都會嘴角失守？（我挑戰你看戴夫‧貝瑞〔Dave Barry〕或大衛‧施達里斯〔David Sedaris〕的文章，如果笑出來你就輸了。）你喜歡 Homestar Runner 那種詭異卻有趣的網路動畫嗎？重點是，你每天都必須有意識地尋找讓自己歡笑的事物。

　　人生很短，何不享受這種愉快又簡單的動作，以及它帶來的生理與心理益處？

RULE 51
選用高品質筆記本

這條是鐵則，你不乖乖遵守就不可能畢業。好啦，沒那麼誇張，用劣質筆記本你也能達到寫筆記的目的，但花點錢投資文具其實非常重要。

假如你用廉價、破爛的螺旋筆記本寫筆記，有時候還將好幾門課的筆記全部塞在同一本裡頭，不努力尋找，就找不到你要的筆記，這會影響你的學習效率。到了考前複習時，你亂糟糟的筆記會使大腦無法順利為所有的觀念、細節與主題建立架構。

現在，想像你每堂課的筆記都用順手的原子筆寫在高品質筆記本裡，每一次的上課筆記都標明日期，順序整理得井井有條。這種品質與組織能幫助你建立認真的態度，你可以

看自己寫得乾乾淨淨、清清楚楚的筆記，因為內容整齊有條理，你的腦袋才能自由學習觀念，而不是忙著尋找筆記。

當然，這條規則不限於筆記本，你應該為每一門課買一個好品質的資料夾，把所有課程相關的紙張放在特定的資料夾裡，所有資料夾統一放在你書桌或抽屜便於取用的位置，筆記本放在另外的抽屜裡。原子筆、自動筆和螢光筆都挑高品質的用。讀書時，另外買一個資料夾來放你所有的複習講義、統整筆記、練習試卷與相關資料。以此類推。

整體而言，選用高品質且有組織的文具，能減少混亂所帶來的壓力，幫助你有效率地整理課堂筆記，並給你自己心理暗示：你是認真的好學生，現在要認真讀書了。我不能保證你用了高品質筆記本就鐵定成功，但你會製造一個適合你達成目標的環境。

RULE 52
記錄每日的工作進度

　　有些學生可以毫不懈怠、認真又穩定地完成長期報告，大考前一週每天努力讀書兩小時，而且報告繳交期限逼近時，他們能每天下午修改內文，直到寫出精妙絕倫的完成品。這種人無論心情好不好、有沒有精神、事情多不多，都能輕鬆完成自己必須完成的作業。我們一般不太喜歡這些人，原因當然是因為對大部分的人來說，寫長期報告是壓力大、痛苦又恐怖的苦差事。

　　在分配到作業的當天動工能打破你分心、拖延的壞習慣（請見第 4 條法則），但提前開始行動還不夠，要是你預計花十二天完成大報告，結果在第四天精神特別不濟，你要怎麼辦？你該怎麼抵抗「休息一天就好，才一天而已沒關係」的誘惑？這樣的模式很容易形成輪迴，你會越來越常跳過事

先排定的讀書時間，只在自己心情好的時候做事，結果等死線擺在眼前才發現自己嚴重落後，之前那麼努力提早開始也白費了。

即使是最優秀的學生也會遭遇這種狀況，想成功完成長期作業，你就得明白一件事：提早開工有很多好處，但若是開工後不穩定工作，這些好處很快會消失。你可能覺得我說的話聽起來很恐怖，但你不必害怕。

如果你沒辦法穩定完成長期作業，工作日誌也許能解決你的問題。背後的原理很簡單，我們人類的自尊心很有潛力，當學生努力寫長篇報告時，可以稍微刺激自尊心以確保自己不怠惰。你應該去買一本小小的螺旋筆記本，放在書桌最上層的抽屜，每天晚上寫下日期、你計畫在今天完成的進度，以及你實際完成的進度，每天寫短短一行就夠了。寫日誌的動作本身很簡單，所以你可以輕鬆養成習慣。

記錄「計畫完成的進度」與「實際完成的進度」的差異，能異常有效地幫助你督促自己。忽視長期工作進度之所以容易，是因為沒有人盯著你，要你負責到底。然而，當你想到你得在工作日誌寫下「我今天沒有完成任何進度」時，你的生活會出現責任感。沒有人想留下自己一時懶惰懈怠的紀

錄，所以你會大聲嘆氣，再倒一杯咖啡，然後努力生出進度。

　　每天記錄工作進度的概念和執行都很簡單，卻能大幅提升你的生產力。對自己提出要求，你可以更有效地管理時間並遵循自己訂下的時程表。

RULE 53

尋找快樂

　　在你看過和大學相關的電影裡，主角是不是碰上一次又一次幽默又瘋狂的冒險？可惜現實並非如此，你的大學生涯多半不會這麼刺激。當然，在大學享受各種娛樂非常重要，學生之間打打鬧鬧能加強友誼，讓你心情愉悅，你也能記下一系列永遠、永遠不會說給子女聽的搞笑故事。然而，**你如果不主動尋找快樂，它也不會主動找上門。**

　　對大一新生來說，錯過歡樂活動這種事根本莫名其妙，大學第一年通常充滿各式各樣的胡鬧與狂歡、生面孔，與探索新環境。但隨著你在大學中歲數增長，你的日程表越來越多正經的活動與工作，你很可能過了一整週、過了一個週末都沒有真正好玩的時間。這太悲哀了。

當你不再經常性放鬆身心，失去玩樂的益處後，你很有可能養成不滿的態度、痛恨研究與課程，並時時處在不開心的狀態。你突然發現，大二的課表忙碌許多，大幅減少了你隨興玩樂的時間，然後陷入傳說中令人畏懼的「大二低潮」。

為了避免如此沉重無聊的命運，你應該主動將不可預測的冒險納入生活。雖然聽起來違背常理與直覺，但這樣的方法確實有效，而且比原來的選項好多了。

找一群朋友，每週末到不同朋友的宿舍開趴、搭配派對的主題買新衣服、帶著模糊不清的指示開車出遊、在奇怪的時間看電影、尋找傳說中的怪地標、在附近找一間沒去過的酒吧喝一杯、邀請新朋友一起出去玩、自己開趴，還有最棒的活動——執行史詩級的終極惡作劇。當計畫之外的冒險悄然走出你的人生，就用你自行規畫的冒險取而代之。尋找快樂，讓你的大學生活變得更豐富多姿。

RULE 54
讓野心膨脹

　　我們都說好的東西是給那些願意耐心等待的人，但我告訴你，驚人不凡的事物是給那些大聲說：「我不等了！」然後放手去做的人。現在清點一下你追求的各個目標，這些目標之中，有哪些讓你在完成後鶴立雞群？有哪些會讓教授在教職員會議上主動提及你？有哪些會讓你的名字出現在榮譽獎項提名人名單上？假如你的回答是「都沒有」，那就是時候讓你的野心膨脹了。

　　我不用說你也知道，大學生就是要嘗試新事物，累積種種不同的經驗——這也完全沒問題。但優秀學生和普通學生有一個差異，那就是前者總是尋找能讓自己大展身手的情境，而這就是讓野心膨脹的精髓。**選出你參與的計畫或負責的工作中最重要的幾項，大大提高你對「成功」的標準。**

我舉個例子，假設你主修教育，你有一個不錯的目標，那就是在你修的課程中盡量表現。野心膨脹過後的新目標，可能是成為初階課程的助教，努力給學生建議與回饋，學期末和教授討論如何改良或更新這門課發給學生的作業。

這項大計畫對你而言應該很有趣、很好玩，而且也令人印象深刻。假如你主修生物，現在平時當研究助理，你可以提升目標，自行著手創建簡單好的書目資料庫，幫助研究人員更輕鬆地整理參考資料。你也能犧牲一個週末架設自動產生圖表的系統，把原定未來數週要完成的工作提前做完，這想必會令你身邊的人對你刮目相看。

有趣且有想法的學生總是與眾不同。你不必用一大堆活動與工作壓垮自己，而是該升級你現有的合理目標。讓野心膨脹並不困難，但很少人會想到要這麼做。這是任何想出人頭地的人都應該要學習的關鍵能力。

RULE 55
參與系上的事務

　　大學的系所就像小型公司，最上層是教授，他們底下是幾十個助理與行政人員，所有人都朝兩個共同目標前進：創造一個給教授充足資源，讓他們發表論文並推進領域內知識的環境；訓練有才能的學生，讓學生在出社會之後為本系所博得好名聲。第二個目標最密切關係到身為大學生的你。

　　你的系所希望你參加系上的事務，它才能幫助你在大學畢業後取得成功。因此，在你正式選擇你的主修之後，你會收到系上的各種活動通知，例如關於選課、學士論文、準備就業或讀研究所的講座。除此之外，還有領域中頂尖人士的演講、教授主持的專題討論會、公開舉行的研究生論文口試、企業徵才講座，甚至是系所主辦的派對。當你深陷課程、課外活動與社交邀約的混亂之中，你很可能想無視這些非必要

的活動，但是，**不要無視它們**。

你必須參與系上的事務，在非強制出席的活動上露面，成為系上教職員都熟稔的學生。你未來會需要推薦信與特殊關係，這些多半來自你系上的教授，所以讓他們好好認識你，和他們好好聊一聊，讓他們知道你對他們的領域感興趣並積極參與相關活動。

當然，你不用積極到每一場系上的活動都出席，這會感覺有點太過執著。大約一個月參加一次系上的活動，在這些活動上遇到教授時，簡短地說一些（有趣）的事情，你可以提起教授剛發表的論文、問一些關於教授課程的問題，或聊聊最近的天氣也行，這種小互動能幫助你建立重要的人際關係。

這個策略當然不比積極參與領域內的研究（請見第 20 條法則「盡快跳入研究圈」），或和一兩位教授打好關係（請見第 8 條法則「結識教授」），但要獲得系所的支持，這會是漂亮的一步棋。

RULE 56

照顧你的學業，但無視你的 GPA

在大學，你會遇到一些異常在意總成績，每一項小分數都令他們緊張不已的同學。這些人可能會用電子表格計算上次有機化學考試的 B+，對累計 GPA 有幾千分之一分的影響。有些人認為這種學生很務實，我個人認為他們很奇怪。

傑出的學生成績好嗎？是啊，這種人通常成績都不錯，他們用聰明的方法念書、用趣味的方式學習，成績自然不差，但最重要的是，他們把每一門課當作對腦力的挑戰，用盡渾身解數克服難題。有時候事情發展和他們預期的不同，這也無可避免。你可能寫了一篇精采的報告，卻不小心觸及不該寫的主題；你可能輕鬆寫完一道數學題，卻不慎用了錯誤的演算法。不好的成績就是會出現，我們不該小題大作，只要你努力上進，會有誰去看你那一兩次壞成績？

我遇過一個特別令人欽佩的羅德獎學金得主，她輕鬆愉快地告訴我，她完全考砸了一門微積分課程的期末考。那一次災厄般的成績，是否毀了她的學業呢？完全沒有。她雖然在期末考犯了一些很蠢的錯誤，但最後她想辦法確保自己掌握了所有的觀念。不瞞你說，她考完試做的第一件事，就是去教授開放的討論時間，和教授細細檢視這次的考卷，將粗心錯誤與觀念錯誤分離出來，接著討論正確答案，直到她認為自己完全理解了考試範圍內的觀念。

這位同學展現出了過人的熱忱，因此雖然她的成績遠遠不及 A- 的門檻，教授仍然邀她當下學期的助教。重點是，她不在乎自己成績差，她把心思放在理解這個學科上。這種為學習而學習，而不是為分數學習的心態，雖然沒讓她成為畢業生致辭代表，卻也幫助她在大學得到有趣且多元的學習經驗，還有不少全國性榮譽獎項與獎學金。

如果你太執著於 GPA，就會犧牲大學的趣味。每一次考試都不再是展現自己學習能力與表達能力的機會，而是變成威脅你整體學業地位的憂患；每一份報告都不再是文字藝術的練習，而是變成害怕自己下錯結論的焦慮源頭。每到學期末，你會進入恐懼與焦慮交織的狀態，等著教授公布總成績。

簡而言之，過分關注 GPA 會讓你的生活充滿壓力，令你偏離你預設的大目標。

想成為成功的學生，就忘了你的 GPA。無視它，別談論它，別去注意那些數字。你應該充滿活力與信心地過大學生活，用這本書列出的法則做出最佳表現，當你偶爾在學業上跟蹌一下，記得別回頭，繼續向前走。在短短的人生中，要求自己十全十美太苛刻了。當你在做一份報告、準備一科考試或寫一份作業時，你當然可以在乎自己的成績，但累計 GPA 就別管它了。

RULE 57
永遠別翹課

以下翹課的理由都不成立：我超級累、我有點鼻塞、網路上有課堂講義、我有其他要補的作業、我不想錯過尼可兒童頻道今天播的第三集《妙妙狗》（*Blue's Clues*）。

以下才是正當的翹課理由：我發四十度的高燒、我必須搭飛機去洛杉磯領奧斯卡金像獎、我們今天在課堂上要讀的書是**我**寫的、我的腿被捕熊陷阱夾住了。

說了這麼多，道理就是：**永遠別翹課！**

每一門課最重要的內容都會在課堂上提到，教授會和學生分享他心目中的重點、這一科哪些地方較不重要，以及認識、分析或討論一個主題的最佳方法。學習如此重要的新知

時，你應該坐在教室裡、身邊都是同學、教授站在講臺上，碰到不是很懂的地方就提問。簡單說就是，你應該去上課。

從網路上下載投影片自己讀，或是借朋友龍飛鳳舞的筆記來看，都比不上親自去上課的效果。教授講課的抑揚頓挫、教授如何整理並說明課本內容、課堂上的各種問答，這些都是學習要素，能夠幫助你理解課程重點。

除此之外，上課會大幅提升你在課業方面的自信。翹課就像翹掉例行的健身一樣，你會有罪惡感，認為自己進度落後，而且覺得自己太懶惰。缺乏信心，再加上你少了在課堂上接受一手資訊的過程，導致課業表現下滑，進而致使你的信心一落千丈。

不要給自己選擇翹課的空間，避免學業落入萬丈深淵。只要沒正當理由地翹過一次課，出席每堂課的規定就突然變得有爭議空間了。別逼自己每天早上和自己吵架，乖乖去上課就是了。

RULE 58
自訂工作死線

　　學生很擅長在死線前趕工，如果你知道隔天要交作業，你通常會整理好所有的資料、集中精神，努力生出要交的作業。然而，如果將死線移到較遙遠的未來，我們評估與分配工作時間的能力就大幅降低了。當作業的繳交期限距今還有一陣子，我們在評估現在該做什麼工作時，往往會直接跳到預設回答：「不用工作。」

　　「又不是十天內要交的報告，我為什麼非要現在開始寫不可？」

　　「今天下午來查資料應該不錯，其實也不一定要今天做，我那麼急幹嘛？」

「如果期末報告的死線還有三個禮拜，我現在看電視也沒什麼問題吧……」

作業的繳交日期顯得很遙遠、今天顯得很安全時，上面這些邪惡的念頭就會入侵學生的內心。這就是為什麼你必須強迫自己假裝死線將至，每次都安排好時間。這裡的關鍵是：**為自己設定工作死線。**

這個訣竅的原理很簡單，實際施行也驚人地有效。當你面前擺著長期作業時，你在一開始就要為自己設定幾個不可延期的中繼死線，這些不是作業的繳交日期，它們會作為地標，標註在你的行事曆上，幫助你專心達成短期目標。

使用這個策略，你會看到強勁的正面影響。報告在三週後要交，和三天內訂定報告論題，哪一個感覺比較要緊？你有一個月可以完成電腦科學的大型程式設計作業，和你有五天時間建立使用者介面部分，你聽到哪一個會想動手開始做？前者令人卻步，你會忍不住想拖延，後者感覺比較可行，而且你會更有工作的動力。

我不是要你在沒有死線的時候，硬是催眠自己讓自己以為作業要遲交了，我是要你把大型作業分割成較小、較輕鬆

的短期目標。當你自訂工作死線時，你會跨越大型作業與小型作業的分界線，在行事曆上標註一連串可行的小任務，這是處理工作的聰明原則。

RULE 59
注意飲食健康

　　對很多人而言，出外讀大學最棒的好處是，你可以完全自由地選擇你要吃的食物。所以，你可以午餐在學生餐廳吃披薩，晚上叫外送披薩，早餐吃昨天剩下的披薩，再用微波爐加熱迷你披薩餅當的點心。我們都知道，這雖然聽起來很棒，但你還是不能三餐吃披薩。第一，你會變胖，這樣你不僅心情不好，整體健康指數也會下滑。第二，整天吃垃圾食物，你總有一天會得壞血病，然後死翹翹……幾乎和變胖一樣慘。

　　從成為大學勝利組的角度來看，**維持健康飲食，最主要是為了給自己最充足的能量。**油膩的食物、精緻的甜品與大量精緻的碳水化合物，會讓你變得越來越懶散。你有沒有試過在吃完一整塊費城牛肉起司三明治與一包多力多滋之後用

功做事？我這麼說，你應該就明白不健康的食物有多危險了。如果你吃的是非油炸的雞肉與蔬菜、水果，還有充足的水，你可以連續好幾個小時神清氣爽。吃健康的食物，就像為車子加高級汽油；吃不健康的食物，等同在車子行進時拉手煞車。

當然，要求你毫無例外地控制飲食，每一餐都吃超級健康的食物，也太苛刻了。我們畢竟是凡人，怎麼能永遠抗拒現烤漢堡的肉香，或無視熱燙墨西哥玉米片的外送電話？偶爾在飲食上墮落一下沒關係，但請記得，這不是常態，而是例外。

這裡有一個控制飲食的好方法，你可以預設假日為任意飲食的日子，平日因為每天要上課、讀書、寫作業，把每一餐當成能量來源就好。到了週末，你就能讓自己享受食物的美好，如果突然想吃披薩就去吃，如果薯條在呼喚你就回應它。等星期一再次來臨，就調整回「食物只是能量來源」的心態，讓自己保持有活力、健康又快樂。

RULE 60
默默服務

　　參加服務活動或當義工，是為社會貢獻一己之力的好方法。每所大學都有形形色色的服務計畫，從同儕輔導到仁人家園（Habitat for Humanity）類型的服務，從為慈善團體募款到規畫教育推廣計畫，樣樣都有。

　　從事社會服務的好處顯而易見：幫助有需求的人。這是很崇高的行為，而學生族群對於將這種利他行為納入自己的人生，通常具備足夠的理想與熱忱。所以，也將服務活動納入你的生活吧。除了從新的視角看見大學校園外的世界，花時間改善他人的生活也能充實你的心靈。**但你不是服務就好，而是要默默服務。**

　　如果想從服務活動中得到最完整的收穫，就別四處宣揚

你的工作。別對同學抱怨這些工作太花時間，別在聊天時老是提到自己有多慷慨大方，找工作面試時也別總是把這件事掛在嘴邊。簡單來說，把你的服務心得放在心裡就好。

當你默默服務時，就是在淨化自己的動機。幫助他人而不求褒獎與讚賞，是你提升自我價值、強化自我並印證核心價值觀的好方法，這些特質會幫助你在人生的路上取得成就。

以「成為解決方案的一部分」為唯一動機，為世界做一點好事，你可以重新定義更好的人生態度。

RULE　61
寫出普立茲獎等級的作品

　　大學生經常寫作，通常這些文章都不是我們太在乎的議題（像是「君士坦丁大帝時期的羅馬對加洛林帝國之影響」），而這通常會使我們養成壞習慣。最大的問題是，我們會把寫作當成機械性的作業，把它看成將腦袋裡的資訊用文法無誤的文句寫在紙上的過程，如果提出正確的論點就是好作文，如果漏了什麼資訊就是爛文章。學生經常將重點放在文章的內容，而不是表達能力上，這是一個大問題。

　　好的文章會在你眼中閃耀，而且不只是內容，呈現內容的形式也一樣。當你讀一篇好的文章時，文句高潮迭起的節奏、精心挑選的用詞，以及吸引你注意力的形容詞句，能帶著你走過文章主題，來到再自然不過的結論。看文章應該像看電影，你會發現自己深陷作者的文字，讀完最後一頁，彷

佛經歷了意義重大的某件事。這就是你寫作的目標。

當一個學生不僅表現出自己對題目的理解，更以藝術般的文字呈現自己所學，這個人在班上肯定如鶴立雞群。教授看到你的作文會眼睛一亮，所有人會記得你的名字，你交的報告自然也會拿高分。

如何在文章中兼顧文筆與內容呢？**你在寫每一篇文章時都使盡渾身解數，假裝你的目標是拿到普立茲釋義性報導獎。**普立茲釋義性報導獎每年頒給作品「釋明重要而複雜的題材，展現出作者對題材的掌握、清楚易懂的文字與明晰的呈現方式」。

不曉得怎麼釋明複雜的題材、寫出清楚易懂的文字、用明晰的方式呈現內容嗎？你可以上 www.pulitzer.org 閱讀近年的得獎作品。這些文章流暢地從個人經驗轉到問題、到理論，又回到個人經驗，將你深深拉入這個主題與相關的核心議題。文中沒有累贅的細節，也不會用說教的口吻造成壓迫感。這就是你寫作的最佳範例。

無論是歷史報告、生物報告，甚至是寫給教授的信件，都要盡量為讀者帶來閱讀的樂趣。一旦你想清楚自己要說的

內容，接下來，就把重點放在用有魅力的方式傳達訊息。倘若在你修潤作品時自己都感到無聊，就表示這篇文章的架構與文風有待加強。

用這種態度寫作，除了能拿到好成績之外，還有隱藏的益處。當你用普立茲獎的標準要求自己，寫作的過程會變得比較不痛苦──乍聽之下很矛盾，但我這句話千真萬確。寫作依然很困難，而且永遠會很困難，但寫一篇引人入勝的文章、用新潮的句法，或用特殊的文字節奏建立某一段的架構，這都是令人興奮不已的事情。你的作品會有獨特的創意，你會滿心期待別人閱讀你的文章，也會使原本顯得無聊透頂的寫作過程多一筆新鮮趣味。

很少有學生抱持這樣的心態寫作，這也使得他們的學業表現與經驗不甚出色。成為有辦法讓加洛林帝國變有趣的人，你就能獨樹一幟。

RULE 62
參加政治集會

    歷史上有一段時期，美國重要的激進政治活動都發生在大學校園，例如越戰期間的肯特州立大學槍擊事件、學生集體離開課堂，以及占據學校的行政建築。在當年受夠了戰爭的美國，這些大學生政治行動定義了國內的混亂。是學生幫助了理想主義的約翰・甘迺迪（John F. Kennedy）與他弟弟羅伯特（Robert）競選，是學生為性別平等與種族平等燃起熱血。過去的大學校園是許多政治活動的苗床，令人想到就熱血沸騰，現在，我們覺得學生最激進的行為就是連署為學生會買一部冰棒機。我們不再像過去那樣關心政治，這十分可惜。

    積極參與政治很重要，你能朝自己心中的理想邁進、給自己使命感，並在你發現自己能影響世界時，加強你的自我

認同感。為你的理想行動，是幫助你在大學時期獲得充實感的策略。

好消息是，對年輕人而言，政治行動並沒有完全消失。大學校園內的政治集會沒有減少，經常有候選人走進講堂做巡迴政治演說，有些團體會舉辦政治議題的辯論會，而校方偶爾表現得不恰當時，也必須接受學生的挑戰。參與這類活動的人可能在你的學校占少數，但別因此退卻。加入這群少數人，參加政治集會或抗議遊行，關注能影響你的學校與全世界的爭議議題，找出對你而言很重要的理想，然後大膽展現出你的支持。

求學期間是人生中難得的經歷，你有足夠的智慧理解複雜議題，也還很年輕，能夠接受理想世界的概念。善用你這段寶貴的時間，積極參與政治活動。

參加政治集會，讓進步的思想繼續在大學生心中 —— 還有你心中 —— 點燃熱血。

RULE 63
最大限度利用暑假

暑假沒有課業壓力，是探索興趣的大好時機，但我不得不先澄清：認真探索你的興趣，和大白天穿睡衣坐在電視前啃麥片是兩回事。

想在大學脫穎而出就必須認清事實，**暑假並不是放假。**你應該把它當成每年一次的寬限期，這兩個月你可以將課業放到一邊，致力於你課堂外的野心與經歷。

放完寒假就開始計畫暑假，你可能覺得太早，但有很多有趣的夏季活動報名截止期限在二月或三月，你準備報名表也需要一點時間。你要是等到最後一刻才開始找暑期工作或活動，幾乎不可能如你預期那樣順利。越早開始安排暑假，就有越多有趣的機會供你挑選。

那暑假到底該做什麼呢？你應該回答的第一個問題是：要不要工作？很多學生在假期不得不打工，才能存錢在下學期叫披薩、買昂貴的課本，還有一些「娛樂的飲料」。

　　問題還沒結束。提早應徵工作，你才有可能找到薪資不錯，工作內容又有趣的機會。別回去繼續你高中時期的服務生或櫃員工作，你應該選擇和你的興趣、專業相關的暑期工作，例如正式且有收入的實習、在有趣的工作場所兼職、當研究助理，或是自己發明一個非正式但有薪水的工作。

　　假如你以寫作為目標，盡量去應徵有薪水的書刊實習生，失敗的話，就在當地的報社找一份小工作。（你可能不知道，很多小鎮報社都缺打雜的實習生或編輯來分攤事務。）如果你主修生物，去你家附近二十英里內的每一所大學和研究中心的每一間實驗室，問他們缺不缺研究助理。假如比起莎士比亞，你更愛看約翰·葛里遜（John Grisham）的法律小說，你可以親自連絡二十幾家法律事務所，表現出你想在事務所實習的誠意。你的指導教授或許有暑期工作的想法或人脈，所以記得和教授保持連繫。

　　如果你暑假不用賺錢，那就更應該想辦法充分運用這兩

個月，畢竟在六月和八月之間留下巨大的漏洞，履歷表也不會漂亮到哪去。除了上述有薪水的工作之外，你可以考慮一堆沒有薪水但十分有趣的職缺，而且這種工作通常更容易應徵到。

在你感興趣的領域內搜尋所有大人物的名字，尋找實習機會，就算他們沒有實習的空缺，你還是可以寫信提出自己設計的方案。在信中清楚寫出你會如何幫助那間公司或研究室，讓對方更有意願接受你的提案。

除此之外，你也可以考慮「影子實習」。很少人聽過這種實習模式，但很多大學勝利組都當過影子實習生。所謂的影子實習，就是找一位在你感興趣的領域內名聲響亮、能啟發你的人物，連絡這個人，請這個人允許你每週花一些時間觀察他工作。你應該對這個人解釋，你當影子實習生的目的是深入探索他的領域，從經驗豐富的專家身上學習，並且朝你熱愛的目標前進。這種實習模式很特殊、能啟發你，你還能藉此機會建立人脈。倘若你選擇影子實習的道路，你必須事先做功課，了解這位人物與公司的一切，並由衷表現出熱忱與誠心，否則你只會浪費對方寶貴的時間。

最後，假如你有在你生命中意義重大的計畫或才能，可

以利用暑假投資自己，重點是，如何將個人努力變成正式且對自己負責的暑期計畫。如果你想花一個暑假寫作，可以以秋天投稿參加三場徵文比賽為目標；如果你想磨練你的音樂才華，可以加入樂團、參加幾場演出，或安排教當地的小孩認識音樂；如果你在寫程式方面技術不錯，可以為開放原始碼的計畫貢獻一段精妙的程式碼。

很少學生會認真下工夫為暑假制定計畫，只要你利用暑假的時間投資自己，就能獲得非常棒的經驗，而且在一群懶懶散散的大學生之中，你會顯得更認真、出色。

每天睡十二小時、白天看沒營養的電視節目……這些你很快就會膩了。充分利用你的暑假，讓自己成為更有趣、更有動力、更有野心的人。

RULE 64
制定目標，探索新方向

在這本書中，有很多規則都建議你追尋生命中的野心與目標，這是非常重要的建議。傑出學生和書呆子最大的差別就是，傑出學生熱愛進行宏大計畫所帶來的刺激。傑出的學生總是想發明更方便達成目標的方法，他們追求令人驚豔的機會，因為他們無法想像沒有這份新鮮感的人生。至於書呆子，這些人會為了成績犧牲一切，認為課堂外的野心會奪走讀書時間，他們寧可更努力工作也不願用更聰明的方法做事，而且他們的靈感差不多和門擋一樣多。你不會想當書呆子的，你要的是更有野心的人生道路。

但我必須告訴你，追求目標這件事不容小覷。在你為自己制定有抱負的計畫之後，該如何讓夢想化為現實呢？我們常看到學生犯下一種錯誤，那就是在朝目標邁進的路上不留

彈性空間。假設你讀歷史系，你的目標是在畢業前參與歷史學研究，你可以和你最喜歡的幾位教授見面，問他們有沒有研究助理的空缺。這個方法不錯，但要是每一位教授都不缺人手呢？你該不該堅持這個做法，每學期都問這些教授相同的問題？這當然是你可以選擇的道路，但你也很可能踏上了死路。

遇到這種情況，你應該立刻向新的方向發展，嘗試其他相似的做法。你可以花時間研究一些支持學生進行研究的獎學金或經費，記下這些獎學金的申請截止日期。你可以下工夫寫幾篇研究評論，在社會學相關的大學研究期刊發表小型的論文。你也可以暫時放下課業，在附近的大學或智庫找工作，接觸最新的研究計畫。有了這麼多元的計畫，你達成目標的機會又更大了。

想成功達成你遠大的夢想，就照這個概念前進：**一旦決定好目的地，開始探索通往那個地方的各種道路**。開始探索不同的路徑後，將看似可行的計畫合而為一，捨棄失敗的道路，並時時重新評估最近的新機會。

要預知自己達成目標該走的完整路徑，基本上非常困難，所以我們要用這種聰明的策略大幅提升成功機會。

RULE 65
課間不要休息

你應該知道，一旦進入大學，你接受的教育將不再是每天連續七小時課程。每所學校的學期與學分制度不同，但你一天多半不會上超過三門課，這也表示，你經常會有相對較長的課間時間。你的兩門課之間可能間隔十分鐘，也可能是兩小時，而在時間表異常重要的大學環境，你課間時間的安排也分外重要。

你時常會面對這樣的誘惑：剛走出令人疲憊的早上課程，下一堂課中午開始，中間有一個小時，感覺可以看電視、睡個（或三個）午覺、放鬆休息，因為這麼短的時間內也做不了什麼事，太趕、太累了對不對？聽起來很有道理，卻錯得一蹋糊塗。你應該採取的行動是：**課間不要休息！**

我這麼說不是沒有原因，這和你的工作動能息息相關。你早上拖著身體下床，是不是覺得很痛苦？但是喝杯濃濃的咖啡、吃一大碗肉桂口味麥片，再快步走到教室，你的身體就會像機器一樣開始運作了。隨著第一節課開始，你的頭腦會越來越清醒，你和其他學生互動、努力理解教授講課、希望能吸引第二排那個可愛女孩（或帥氣男孩）的注意——你今天的動能開始增加。

然而，如果你在這堂課結束後回宿舍放鬆休息，之前累積的動能會停滯，等到下一堂課開始，你又得從頭來過，之後要是再休息，你又要再重來一次。我們不得不面對一個問題：你一天的能量有限，不能浪費在一次又一次逼自己動起來這種瑣事上。你必須選用聰明的策略，善加處理課間時間。

你可以用這些時間完成雜務，別給腦袋關機的機會，但也別把自己累死。兩堂課之間的時間不短不長，不太適合認真寫作業，除非你有超過一小時空堂。你的時間不允許你集中精神，完成有意義的作業，但這些時間你可以用來解決小雜務。在出發去上第一堂課之前，寫下你今天想完成的所有小任務——買牙膏、去教授辦公室問問題、寄信。這麼一來，你下課就能直接開始完成小任務，保持一天的動能。

可以的話，盡量避免回宿舍，那裡有太多能使你分心的事物。你可以去離教室不遠的公用電腦或自習空間，完成小作業或寄信等事項。從早上到下午維持一定的動能，是非常簡單卻有效的概念。等晚間的讀書時間到來，你仍有足夠的精力，而且也不必掛心今日的小任務了。

RULE 66
不要建立關係網

「建立關係網」是指有目的地擴展交友圈，以便時機到來時，請這些「朋友」為你美言幾句。這項技能在商業界可說是家常便飯，業界大老之間的個人關係，也能為殘酷的企業競爭世界增添一絲人性。而且當老闆準備僱用新員工時，一封個人推薦函可抵十份閃亮亮的履歷。

說到這裡，你記住一件事就好：**把建立關係網這玩意留給專業人士去做就好。**身為大學生的你若積極和別人拉關係，只會顯得討厭。這種行為令人不快，你努力了老半天，可能只會招來別人的嫌惡。

建立人脈通常在雙方互利的情況下效果最佳，假設我是電信業者，你在網際網路服務業工作，我會想認識你。你的

工作和我的工作相關，我花時間去認識你的業務是合理的投資，我們兩家公司未來可能有十幾項合作機會。

那現在假設我是電信業者，你是大學生，我多半對你沒什麼興趣。我的想法非常實際，因為這並非雙方互利的情形，我很清楚明白你的目標是找工作，不然一個大學生何必主動來找我？老實說，把工作機會送給才剛畢業的新鮮人，並不是非常有趣。除非我是公司的徵聘人員，否則認識你對我沒半點好處，而且你的動機再明顯不過。

同樣的道理，一名學生在客座講座結束後去和演講者握手，問一句預先想好的罐頭問題，然後尷尬地想盡辦法在對話中插入履歷重點，實在沒太大用處。

當然，我不是叫你不要和其他人交際，而是要你用等級更高的方式拓展人脈。其中一種做法是**「反向操作關係網」**，從頭到尾不提起你要的東西，最後卻達成目標。這種技巧很簡單，而且出乎意料地有效。

第一次和潛在關係人互動時，他會對你心懷戒備，「又來一個學生了，肯定是想請我給他工作機會，又不懂得掩飾意圖的傢伙。」這時候，你應該表現出自己已經拿到夢寐以

求的工作，完全不想找工作的態度。你很有自信，你的未來已經有著落，你現在只是對這個人的工作與背後的原因感到好奇，這是你接近這位記者、執行長或科學家的唯一理由。你提出一些有見解的問題，展現出自己對這個人工作領域的理解，也讓他看到你學習新知的欲望。除非對方明言問你，否則別提到你過去輝煌的經歷。即使對方問起這些，你也得謙虛地回答，隨時表現得善解人意且謙恭有禮。

你很有自信，但你不是煩人的銷售員，你永遠不表現出利己的念頭，甚至會「忘記」報上自己的名字，讓對方在你離開時叫住你。這就是反向操作關係網，它真的有效。對方和你交談時會感到驚喜，放下心防，在最理想的情況下記得你這個有趣的學生，記得你積極求知的精神。

接下來是最困難的步驟——如何讓這些獨立的對話成為永久關係？最好的策略是偶爾寄信，提出非常有內涵且相關的問題，或請對方提供有意義且相關的建議，絕對別直接請對方幫你做某件事。反向操作關係網的關鍵，就是在不提出請求的情況下，讓對方留下深刻印象。你希望未來某一天，這位越來越喜歡你、欣賞你為人的人士，在他得到職缺情報時能夠通知你，並為你寫推薦信。

對學生而言，這是最好的做法了。我知道這很難，我知道成功率不高，但明目張膽地拉人脈，成功率更低，而且你會招來重要人士的白眼。別刻意建立關係網，但記得建立強而有力的連繫。

RULE 67
發表專欄文章

學生報紙最有趣的版面，非專欄莫屬。你可以看到歷史系大二學生說明解決世界衝突的方法，政治系大四的學生大言不慚地表示他比總統的國防顧問還懂外交，經濟系大三的學生糾結自己應該當富有的投資銀行家或市區學校的教師，英文系大一學生讚頌大學在秋季的美好，當然還有總是反著戴棒球帽、不確定自己幾年級的兄弟會成員責怪世人「不再憤怒」。

專欄版真的很好玩，你看了會笑、會火大，有時候還會深思。這是各領域學生發聲的所在，即使有些人文章寫得生硬，你依然能感受到那股能量。何不將部分能量注入你的學生生活呢？

每學期寫一篇專欄文章。選擇你有深入見解的主題，潤飾你的文字與論點，以改變同儕思想為目標寫作。你要的話，可以寫一篇有爭議的文章，看到自己的想法公諸於世，令人興奮不已；而看到讀者來信與反方文章形成討論串，就更令人欲罷不能。

你能藉此感受到自己和學生社群的連繫、提升你的理想，並建立更強的使命感──想必在閱讀此書的過程中，這幾點要素你已經看習慣了，但我之所以一提再提，是因為這些是傑出大學生最關鍵的特質。

你不必寫出完美的得獎作品，只要提出激進的想法、用強而有力的論述令讀者耳目一新，強調沒有人提過的議題，並展現出熱忱，這樣就好了。校刊不像《華爾街日報》，你可以盡情揮灑，寫出千奇百怪的文章。

一學期至少寫一篇專欄文章，這是非常獨特而有趣的經歷。但是，你寫什麼都好，就是別文謅謅地感嘆學生「不再憤怒」，那太羞恥了。

RULE 68
使用文件櫃

　　如果你現在站著，我建議你先坐下來再繼續閱讀，接下來這條規則太具爭議、太過驚人，可能會嚇得你頭暈目眩。我要說的當然是史上絕無先例的至理格言——**你應該買個文件櫃。**

　　這條規則是不是看起來沒什麼大不了的？買文件櫃，還有使用它，這些簡單的動作能大大影響你感受到的壓力程度，以及你作為大學生的工作效率。真心不騙。

　　這裡的概念很簡單：你在大學可能是第一次在外住宿，必須整理一堆文書與重要文件，例如住宿申請表、主修申請表、獎助學金資訊、活動行程與帳單，更別提每堂課的課程大綱、授課講義與作業指示。

一開始，大學常見的「亂丟後找回來」策略可能還管用，你可以把重要的文件隨手丟在書桌附近，需要某一份文件時再來到處翻找，最後要嘛找到了，要嘛宣布它離奇失蹤。問題是，當你遺失了重要的文件，或花大把大把的時間在抽屜與筆記本中東翻西找，你的壓力指數也會直線上升。何苦這樣整自己呢？遺失了重要的東西，感到不安是人之常情，我們人類本就喜歡知道每一樣東西擺在哪裡。

你在大學必須面對的壓力已經夠多了，不該再逼自己面對這種問題。所以結論是，快去買文件櫃，或至少買那種可以收納吊掛式資料夾的簡單塑膠箱，或找個便宜但有相同效用的箱子。備好足夠的資料夾與標籤，每當你拿到必須留存的文件，就放入現存的資料夾，如果文件不符合你目前的任何分類，就花三十秒給新的資料夾貼上標籤，妥善收存你的文件。

這是最簡單的文件整理方法，你需要的時間非常少，而且方法也非常管用。當你可以在數秒內找到你需要的任何文件時，你會很有成就感，感覺自己是收納王，也會避免不必要的麻煩與挫折。

使用簡單明瞭的文件整理系統，是大學生的實用技能。全心全意去擔心學業上的大問題，別讓整理與收納的瑣事占用你的心思。

RULE 69
找一個祕密讀書空間

　　我在第 31 條法則「不要在房間裡念書」說明了大學的種種外在誘惑，因此，找到像圖書館這種安靜、嚴肅又沒有干擾物的地方念書非常重要。這是你應該記住的首要原則，因為有效率地讀書很困難，我們得非常努力才有辦法集中精神學習，而去圖書館選個好位子是不錯的第一步。之前也說過，你的寢室比拉斯維加斯的賭場更充滿誘惑，你必須逃到遠遠的安靜場所，提升你的工作效率。

　　然而這還不夠，面對最嚴肅、最艱鉅又最重要的讀書任務，有時候在圖書館隨性挑一個座位，還不足以讓你以最高效率工作。**你必須找到自己的祕密讀書空間**，一個就你所知幾乎隨時有位子念書的地點，一個全然寂靜的神聖場所，允許你達到禪定般的專注力，遠離所有外界誘惑。

你選的地點越奇怪、越與眾不同就越好，例如我的祕密讀書空間：生醫圖書館某個沒有家具的樓層，一條沒有窗戶的昏暗書櫃走道底端，一張很少人使用的個人閱覽桌（我不是生醫系學生，但這不重要，重點是那地方很安靜）。我坐在陰暗走道最底，前後是高聳的書架，第三面是水泥牆，四周一片寂靜，我發現自己在這裡能專心致志地工作好幾個小時。如果我選的是總圖書館一樓人來人往的書桌，工作效率肯定大幅降低。

花時間探索校園內你最喜歡的建築，在它人跡罕至的角落找到隱藏的寶物——你能占為己有的祕密讀書空間。

最有效利用祕密讀書空間的訣竅，是不要太常去那裡工作。在如此孤單的環境坐久了，你會感覺越來越憂鬱。如果你堅持在這個無人的角落完成所有的指定閱讀、題目卷與短篇報告，你很快會陷入孤獨。除此之外，每個大學生都明白，在同一個地點做太多沉悶無趣的工作，你會開始對那個地點產生反感。你當然不想毀了自己的祕密綠洲，所以只有在寫大型作業、準備期中期末考或完成魔王級報告時，再使用這招奧義。至於其他的作業，你可以經常換讀書地點，在圖書館光線充足且人多的位子做事。

選擇性使用你的祕密讀書空間，會增強它的效力，當你面對難關時，你能胸有成竹地達到精神極度集中的狀態，做出你所需的成果。

　　如果能最佳化利用環境，你的學業表現也會最佳化。

RULE 70
用「提問記憶法」念書

　　你也許注意到，這本書經常提到讀書這件事。我們談過提早讀書的重要性、建立複雜讀書系統的功效，以及以五十分鐘為單位念書的優點；我們談過你不該在哪裡讀書、不該和誰一起讀書、圖書館為何如此重要，以及使用祕密讀書空間的方法。但是，我們還沒討論過當你實際開始讀書時，具體該如何學習新知。

　　關於如何吸收書本的資訊，有非常多理論，市面上有很多相關的書籍，有的認知科學家專門研究人類的學習過程。但假如你想找一個經得起時間考驗、成功大學生一致認為效果極佳的學習方法，你只需要「提問記憶法」。

　　這種讀書方法的細節也很簡單，讀任何科目，無論是複

雜的社會學理論、外語的動詞變化或物理公式，你的基本讀書策略應該是「提問」與「記憶」。我不是隨便亂說。你拿章節最後的總複習問題考自己並不算數，**應該以要求自己回憶特定資訊為基礎，建立完整的最佳學習體系。**

假設你在準備政治學考試，考題是關於各種理論框架的申論題。當你利用你的複雜讀書系統複習時，為每一條理論自訂考題，你可以為自己出一些基礎題目，例如提出理論的人是誰、發表日期，以及理論涵蓋的範圍。如果你學到反駁這條理論的四種論述，就寫下這樣的問題：「列出反駁理論X的四種論述、這些論述由誰提出，以及這四種說法所針對的理論缺陷。」

你讀書的最終目標就是輕鬆完成自己的小考，而且沒有偷看筆記。一旦做到這一點，你就準備萬全了。

那麼，假設你在準備關於作業系統的電腦考試，你知道考題不僅會出現直截了當的問答題，你還得應用課堂上學到的技術解決電腦問題。你的複習小考就應該包含知識取向的問題，以及為所有主要的應用技術列出問題，自己嘗試解決。一旦你輕鬆通過自己的考試，就能自信滿滿地面對大考了。

提問記憶法將讀書拆成兩個步驟，第一步是默默複習所有考試範圍的內容，在複習的同時寫下幫助自己記憶的問題。如果你的問題與某一本書的某個主題相關，就在題目旁邊寫下頁數，以便晚點回去找答案；如果你的考題出自上課筆記，就抄下那份筆記的日期。這麼一來，你若真的想不起正確答案，也能節省不少時間在翻找答案。

下一步是回答自己出的考題，這也是學習效果最佳的步驟。自己考自己時，你不一定要寫下答案，或許解數學題有必要用到紙筆，但遇到申論題，你可以把答案唸出來，這比起手寫的速度也快上許多，能在更短的時間內複習更多內容。不過，假如你選擇用唸的方式複習，還是要用完整的文句回答，你將思緒整理與表達得越清楚，記憶效果就越佳。

這個技巧效果驚人，因為它強迫你無中生有地回憶資訊。比起將筆記讀過兩次，從記憶中提取訊息並說明重點，對大腦學習知識的效果強了許多。閱讀筆記的效果有限，你的腦袋可以重複閱讀一段文字上百次，實際上卻不肯花太多力氣去吸收知識。但假如你逼自己盯著一張白紙，僅憑腦袋回想書中的答案，你才能真正記得複習的內容，我跟你保證。

還有一個小訣竅，那就是利用你的情緒。別坐在書桌前

喃喃自語，你可以站起來在房間裡來回踱步，把答案喊出來，假裝對著興致勃勃的學生講授課程，或是播放一些令你靈感如泉湧的背景音樂。你的大腦越受到刺激，就越能夠和你讀的內容產生連結，加深你的記憶與理解。

這樣的讀書技巧不僅能節省時間，還能讓你讀得心安。你讀書的目標不再是模糊不清的「複習所有相關資料」，而是明確許多的「複習所有相關資料，直到我能輕鬆回答我出的考卷」。如果你能在兩個小時內過關，那你兩個小時就讀完書了；如果你花三天才能順利寫完自己出的考卷，那你就是花三天讀完書——但至少三天結束後，你能胸有成竹地面對考試。

提問記憶法能讓你穩定拿下好成績，效果拔群。倘若你能用新奇的讀書系統維持高度集中力，提問記憶法甚至能讓學習過程變得好玩。無論你其他的讀書策略是什麼，在考前務必逼自己闔上書本，回憶所有相關的資訊。

RULE 71
清空收件匣

既然提到整理與秩序，就來談談電子方面的混亂吧。這種混亂和亂七八糟的房間或毫無效用的文書整理系統一樣，能悄悄帶給你壓力——我說的就是你滿到快溢出來的收件匣。

這年頭，每個大學生都有電腦和高速網路，所以很大一部分的訊息會透過電子郵件傳遞。有些是垃圾訊息，有些是你和朋友的線上閒聊，有些訊息有紀念價值，有些則是你必須留存的重要資訊。**把你的電子信箱當作紙本資料夾，整理你的信件。**

你應該為課程相關的訊息、家人的訊息與朋友的訊息各新增一個資料夾，別忘了新增一個通用的「重要」資料夾，

專門放附有重要資訊的電子信件。你每讀完一封信，不是丟進垃圾桶，就是歸入資料夾。每天上床睡覺前，收件匣應該空無一物。

當然，我無法提出有力的科學證據，但你的壓力會減少，生活會變得更有條理、更有精神。這裡的重點並不在規則本身，而是它所提倡的心態——很多小地方的秩序能幫助你掌握你的人生。想成為大學勝利組，這種心態不可或缺。

所以，你的電子信箱收件匣和你的生活都一樣，請以系統、減壓與效率為目標，將它們整理得有條不紊。

RULE 72

睡前放輕鬆

　　我們在這本書裡經常討論如何讓你的身體最有效率地表現，彷彿身體是一部機械。之前說過，你每天要維持穩定的睡眠時數、飲食要正常、記得運動，還要避免睡午覺或熬夜等打亂睡眠規律的行為。我們接下來要討論的法則同樣和身體有關，但你看了不會皺眉頭：**睡前先放鬆至少半個小時。**

　　計畫每天的日程表時，你應該設定一個停止所有工作的終止點。假如在學期初、段考後，或是你這一天沒什麼事，工作終止點可能很早，你可以出門享受夜晚餘下的時光！然而，到了忙碌的時段，你每天要完成的工作量增加，所以為了維持身心健康，你必須每天制定混亂與忙碌的截止時間。在期中考與期末考期間，我個人的工作終止點差不多在晚上十一點，不過確切時間取決於工作的急迫性，以及你平時的

睡眠時間。

重點來了，工作到每天的終止點之後，別直接上床睡覺。如果一整天下來的壓力仍歷歷在目，你會比較難入睡，而且在心理層面，你會拒絕讓腦袋放下一天的壓力，在睡眠時復元。因此，每天睡前你應該放鬆休息至少半個小時，可以看電視、看書、彈吉他或和朋友聊天，做什麼事不重要，只要和課業無關又讓你心情愉快就可以了。

在這段放鬆時間努力拋開接下來的工作與死線等念頭，我認識一些過得快樂又成功的學生，當他們認定一天的工作結束時，他們可以完全清空會造成壓力的想法。這種技能看起來雖然像超能力，卻是你可以努力練就的功夫。

當你每天都能放輕鬆入眠，你會睡得更安穩、過得更快樂，隔天也會更有活力。別擔心晚上放鬆會浪費太多時間，因為你隔天早上神清氣爽地起床做事，不僅能彌補昨晚沒完成的工作，還會更有效率。

RULE 73
起步快，收尾慢

　　一般面對報告、考試、研究計畫、申請書或任何一種浩大工程，學生採取的策略是：預估自己多晚開始工作還能趕上死線。用更粗略的說法，這種策略叫作「起步慢，收尾快」。這種工作策略的壓力與種種缺點，我應該不用重申吧？你每寫一份作業，就只能忙得焦頭爛額，許多學生會不知不覺陷入這種循環，這也是為什麼這麼多人在大學時期燃盡了青春。

　　好消息是，這並非唯一的辦法。我們在這本書中提出好幾種對抗拖延心理的策略，例如第 4 條法則「分配到長期作業的當天就動工」、第 26 條法則「提前兩週開始念書」，還有第 41 條法則「一份報告用三天寫完」。但凡事拖到最後一刻的態度已深植學生內心，造成了莫大傷害，因此我們

不得不另立一條法則：**想成為傑出的學生，就必須拋棄「起步慢，收尾快」的心理，著手處理長期作業時以「起步快，收尾慢」為目標。**你只需要做一些微小的調整，就能帶來巨大改變。

　　舉例來說，假設你要為你經營的社團寫募資企畫書，有兩個星期時間可以完成這份企畫書，就安排在第一週完成大部分的工作。回家放春假前一天，別把收拾行李的工作拖到深夜，請在早上就收拾好東西。某堂課的教授要求你上臺報告，提前好幾天完成作業，別到最後一天晚上才瘋狂查資料。無論作業規模多大或多小，養成「起步快，收尾慢」的習慣。

　　盡早完成大部分的工作，你的生活將不再狂亂。我知道，要求你改變自己身為學生的行事模式非同小可，但我希望你試試看，讓自己邁向成功。

RULE 74

出國交換一學期

你是否曾經一邊享受晨間咖啡，一邊眺望旭日沿巴黎的天際線上升？

你是否曾經在羅馬的聖伯多祿大殿陰影下，度過一個悠哉下午？

你是否曾經遊走於布拉格的街頭，呼吸外國的氛圍？

想像三個月以上的時間，你每天都能體驗這種生活，那該有多好？趁你還年輕時探索世界、認識不同的文化、學習新語言、得到檢視自己人生的全新視角，那不是對你非常有利嗎？有一個簡單的辦法，可以讓這個夢想成為現實，那就是：**出國交換一學期。**

幾乎每所大學都有海外交換計畫，有些是以學習語文為目的，你會和當地的寄宿家庭共同生活，嘗試透過融入該國的文化，學習新語言。有些交換計畫以特定的學科為主軸，例如藝術史，參加這種計畫你也許會前往佛羅倫斯，研究義大利文藝復興時期的藝術與建築。有機會四處訪查的不只有藝術系學生，地球科學系也會送學生去非洲交換一學期，生物系可能會送學生去加拉巴哥群島。簡而言之，只要你有興趣，就一定找得到適合你的交換計畫。而你應該要對這種計畫有興趣。

　　出國有許多益處。第一，你這輩子再也沒機會這麼輕鬆地出國生活了，所有細節都由學校代理，花費的金錢視作你學費的一部分，你也不必犧牲學業，因為出國不僅能獲得寶貴經驗，還能修得學分。令人難過的現實是，除非你變成有錢人，否則畢業後很難再放下事業，去異國探險一整季了。

　　在國外，你會真正從內部認識異國文化，你的人生也將因此改變。全球化的價值觀會影響你人生接下來的路途，從你看報紙的心得，到如何計畫你的事業，到你對美國政壇的看法。你很可能會學會當地的語言，在履歷表增添漂亮的一筆，這也是你在未來可以運用的能力。最重要的是，出國很

好玩、很刺激，會讓你成為更有趣、更有深度的人，你何不利用學校提供的機會呢？

不過我必須警告你：你得選擇正確的交換計畫。大部分的學校有兩種海外交換計畫，一種是有名無實的計畫，一種是正經的計畫。所謂「有名無實」的交換計畫，通常會變成學生在國外瘋狂翹課，把喝酒當正職，只和自己國家的人交流，整體而言幾乎沒體驗到異國文化。而所謂「正經」的計畫，是為了鼓勵學生與外國人交友而設計，參與這類型計畫的人較常走出交友舒適圈、增強語文能力、修習踏實的課程，創造道地的異國經歷。

因此，當你挑選要申請的交換計畫時，詢問先前參與過這些計畫的同學，這是辨明計畫本質的最佳方法。在牛津大學研究英國文學，和去德國各家酒吧狂飲三個月，差別可是很大的。

此外，別忘了，出國交換的申請資料一般是在大二時繳交，大部分的計畫也有先修課程的要求，所以你應該提早研究校內的交換計畫，確保自己準備萬全。

出國交換是你此生難得的經驗，別錯失良機。

RULE 75

別留下任何遺憾

　　為了寫這本書採訪各校成功大學生時，我遇到一位知足快樂的學生。當然，他擁有令人豔羨的成就，但這份快樂並不源自特定的成就，他似乎對成為頂尖學生的各種壓力免疫。我好奇地請他透露他的人生原則，他知足的根源，他終於吐露一句簡單的建議：**「別留下任何遺憾。」** 他從自己景仰的家族朋友聽到這句「至理格言」，從此將它時時放在心上。

　　不留任何遺憾，就是抱持興奮與期盼面對生命，**為你獲得的機會 —— 而不是你的成就 —— 感到開心。** 你能得到機會申請大型榮譽獎項、參與有趣的研究計畫或創立學生團體，就肯定了你對人生的熱情。如果失敗，也不需要浪費時間去懊悔，你應該感謝命運給你這次經歷，然後問自己：下一步

是什麼？

　　我用這一章當作這本書的總結，因為我相信，為正確的理由追尋夢想，比任何在大學取得成就的策略都來得重要。假如你想成功是因為你喜歡受人矚目，那這本書幫不了你；如果你想成功是為了向他人證明自己，那這本書幫不了你；如果你想成功是因為你享受奉承與讚揚，那這本書幫不了你。若以上這些理由是你求取勝利的動機，那你永遠不可能真正成為贏家，因為失敗的恐懼永遠會躲在角落等你。

　　倘若你想成功是因為你熱愛挑戰自己的潛力、探索你的世界、獲得全新的經歷，倘若你想成功是因為人生苦短，你希望活得充實，那麼你必然勝出。如果你抱持永不留下遺憾的態度生活，臉上隨時帶著滿懷期望的笑容，那麼無論做什麼，你都能在努力的過程中，找到有意義的成功。

　　別留下任何遺憾，也別錯失路上的樂趣，到了最後，這才是真正的勝利。

ACKNOWLEDGMENTS
致謝

我在此感謝所有為書中 75 條法則貢獻靈感的傑出學生，你們的洞察力幫助我完成了這本書。

我也想感謝我出色的出版經紀人洛莉・阿克麥爾（Laurie Abkemeier），妳的努力讓這本書從最初的構想，變成最後的書本。最後感謝我的編輯安・坎貝爾（Ann Campbell），妳不辭辛勞地幫助我找到自己的聲音，成功將我對這個題目的滿腔熱情轉化為文字。

人生顧問 513

深度學習力：學歷貶值時代，MIT 博士教你從大學就脫穎而出的 75 個
成功法則（暢銷新裝版）

作　　　者—卡爾‧紐波特 Cal Newport
譯　　　者—朱崇旻
副總編輯—陳家仁
企　　　劃—洪晟庭
封面設計—陳文德
內頁排版—吳詩婷

總　編　輯—胡金倫
董　事　長—趙政岷
出　版　者—時報文化出版企業股份有限公司
　　　　　　108019 台北市和平西路三段 240 號 4 樓
　　　　　　發行專線 02-2306-6842
　　　　　　讀者服務專線— 0800-231-705‧(02)2304-7103
　　　　　　讀者服務傳真— (02)2302-7844
　　　　　　郵撥— 19344724 時報文化出版公司
　　　　　　信箱— 10899 臺北華江橋郵政第 99 信箱
時報悅讀網— http://www.readingtimes.com.tw
法律顧問—理律法律事務所 陳長文律師、李念祖律師
印刷—勁達印刷有限公司
初版一刷— 2018 年 3 月 30 日
二版一刷— 2024 年 3 月 8 日
定價—新台幣 350 元
（缺頁或破損的書，請寄回更換）

時報文化出版公司成立於一九七五年，並於一九九九年股票上櫃公開發行，於
二〇〇八年脫離中時集團非屬旺中，以「尊重智慧與創意的文化事業」為信念。

HOW TO WIN AT COLLEGE: Surprising Secrets for Success from the Country's Top
Students by Cal Newport
Copyright © 2005 by Cal Newport
This edition arranged with DeFiore and Company Literary Management, Inc.
through Andrew Nurnberg Associates International Limited
Complex Chinese edition copyright © 2024 by China Times Publishing Company
All rights reserved.
ISBN　978-626-374-910-8
Printed in Taiwan

深度學習力：學歷貶值時代，MIT 博士教你從大學就脫穎而出的 75 個
成功法則 / 卡爾．紐波特 (Cal Newport) 著；朱崇旻譯. -- 二版 . -- 臺北市
：時報文化出版企業股份有限公司 , 2024.03
224 面；14.8x21 公分 . -- (人生顧問；513)
譯自 : How to win at college : surprising secrets for success from the
country's top students
ISBN 978-626-374-910-8(平裝)

1.CST: 大學生 2.CST: 學習方法 3.CST: 生涯規劃

525.619　　　　　　　　　　　　　　　　　113000767